SEGREDOS DA MAGIA
DE
UMBANDA E QUIMBANDA

Dados Internacionais de Catalogação na Publicação (CIP)
(Câmara Brasileira do Livro, SP, Brasil)

Silva, W. W. da Matta e
    Segredos da magia de umbanda e quimbanda /
W. W. da Matta e Silva (Yapacani) . — 6. ed. —
São Paulo : Ícone, 2015.

    ISBN 85-274-086-X

    1. Quimbanda (Culto) 2. Quimbanda (Culto) -
História 3. Quimbanda (Culto) - Origem 4. Umbanda
(Culto) 5. Umbanda (Culto) - História 6. Umbanda
(Culto) - Origem I. Título.

06-2702

CDD-299.60981

Índices para catálogo sistemático:

1. Quimbanda : Religiões afro-brasileira
    299.60981
2. Umbanda : Religiões afro-brasileira
    299.60981

W. W. DA MATTA E SILVA
(Yapacani)

SEGREDOS DA MAGIA DE UMBANDA E QUIMBANDA

6ª EDIÇÃO

© Copyright 2015.
Ícone Editora Ltda.

Capa
Meliane Moraes

Diagramação
Isabel Reis Guimarães Anjos

Revisão
Jaci Dantas

Proibida a reprodução total ou parcial desta obra,
de qualquer forma ou meio eletrônico, mecânico,
inclusive através de processos xerográficos,
sem permissão expressa do editor
(Lei nº 9.610/98).

Todos os direitos reservados pela
ÍCONE EDITORA LTDA.
Rua Javaés, 589 – Bom Retiro
CEP 01130-010 – São Paulo – SP
Tel./Fax.: (11) 3392-7771
www.iconelivraria.com.br
e-mail: iconevendas@yahoo.com.br
editora@editoraicone.com.br

O AUTOR

Woodrow Wilson da Matta e Silva nasceu em Garanhuns, Pernambuco, em 28 de julho de 1916, e não em 28 de junho de 1917, conforme se supunha.

Matta e Silva (YAPACANI), como era conhecido, foi o médium que mais serviços prestou ao movimento umbandista, durante seus cinqüenta anos de mediunismo. Foi através dele e de suas obras, que desvendam os 7 véus da SENHORA DA LUZ VELADA, que milhares de iniciados, não só da Umbanda como de outras correntes filosóficas e religiosas, encontraram a porta de entrada que os levaria aos degraus do caminho do oculto.

O autor iniciou sua missão mediúnica muito jovem, mais precisamente aos dezoito anos de idade, embora aos dez já fosse possuidor de uma clarividência que o acompanharia até os últimos dias de trabalho mediúnico. Já no Rio de Janeiro, na década de 1950, escreveu sua primeira obra, "Umbanda de todos nós", considerada a Bíblia da Umbanda. Nos anos 1960, mudou-se para Itacuruçú e ali teve uma intensa produção literária, que resultou nas obras: "Lições de Umbanda e Quimbanda na palavra de um Preto-Velho", "Mistérios e práticas da Lei de Umbanda", "Segredos da magia de Umbanda e Quimbanda", "Umbanda e o poder da Mediunidade", "Umbanda do Brasil", "Macumbas e Candomblés na Umbanda", "Doutrina Secreta da Umbanda" e "Sua Eterna Doutrina".

Como veículo de seu Mestre Maior, o autor deixou ainda um precioso legado literário para todos os umbandistas. Referimo-nos a "As sete lágrimas de um Preto-Velho", *que circula em terreiros e lojas de Umbanda como sendo de "autor desconhecido", mas que, na verdade, é obra de Matta e Silva.*

Conhecido e respeitado em todo o Brasil e até no exterior, Matta e Silva a todos cativava com seu jeito humilde, sendo avesso ao endeusamento e à mitificação de sua pessoa. Tinha sempre uma palavra amiga para todos.

Os filhos-de-Fé, que nos anos de 1970 eram jovens iniciados dedicados ao Mestre, são hoje relembrados: Benedito Lauro da Silva (Capitão Lauro), grande amigo e conselheiro; Ivan Horacio Costa (ITAOMAN), que foi de grande ajuda na criação dos livros; Mario Tomar (YASSUAMY), o braço direito durante os últimos 25 anos, chegando até a ser confundido com seu filho carnal e que acompanhou o Mestre até sua última morada na Terra; Ovídio Carlos Martins, amigo e irmão, escritor com várias obras publicadas sobre Umbanda Esotérica.

A história da Livraria Freitas Bastos, fundada em 1917, se confunde, a partir da década de 1950, com a história da vida de Matta e Silva. Isto porque o autor nos prestigiou com a edição de todas as suas obras e, por muitos anos, compareceu, duas vezes por semana, à nossa antiga sede, na Rua 7 de Setembro, 111, no Rio de Janeiro, onde atendia uma legião de irmãos que ali acorriam em busca de conforto espiritual.

A reedição da obra de W. W. da Matta e Silva é um dever que cumprimos para com a comunidade umbandista, e uma modesta homenagem ao homem e ao espírito de Luz.

Livraria Freitas Bastos, outubro de 1994

ATENÇÃO, LEITOR...

Os ensinamentos deste livrinho são aplicáveis, úteis e de alta eficiência... É só experimentar...

Foram pautados no que há de mais simples, certo, positivo e comprovado, pois são experimentações ou operações da alta magia (branca) de umbanda...

Os ensinamentos aqui deixados fazem parte da magia ou da tradição mágica verdadeira, cujos segredos estão nas páginas de Kabala Ária ou Nórdica (detalhes na introdução) e que são inerentes à corrente astral de umbanda. Essa Kabala foi ocultada desde o famoso Cisma de Irshu, ocorrido na Índia há mais ou menos 5.500 anos. Todavia, a sua duplicidade existe no astral e é de livre acesso às nossas entidades espirituais...

Portanto, nós — iniciados umbandistas —, em questões de magia, não levamos muito em conta o que se diz nessa outra Kabala, que foi empurrada para o Ocidente, deturpada, falsificada e da qual o ocultismo ocidental está cheio, saturado, isto é, "seguindo as águas turvas de uma corrente que não veio diretamente da fonte original"...

Ao revelarmos certas operações da alta magia de umbanda, fazemo-lo seguindo a nossa linha doutrinária, que sempre foi, é e será a de contribuir cada vez mais para a melhoria de todos os irmãos e particularmente para os que se dedicam a essas práticas e necessitam muito de elementos de autodefesa.

Assim procedendo, também estamos iluminando o nosso Karma e nos pondo em relação cada vez maior com os altos mentores de nossa corrente...

INTRODUÇÃO

Este livro é mais um atendimento que fazemos, ou melhor, que lançamos no seio desses irmãos umbandistas que o solicitaram, através de centenas de pedidos e sugestões diversas, quer por escrito, quer pessoalmente...

Eles reconheceram a necessidade imediata de se escudarem em maiores conhecimentos práticos, como forças, como defesas precisas, simples e objetivas, pois — segundo confessaram — estão saturados de tanto ler e reler os tratados que versam sobre as chamadas ciências ocultas, mormente os que tratam da Magia, visto não terem conseguido extrair deles algo de suficientemente positivo e que realmente pudessem aplicar nos seus Terreiros ou Tendas, para o bem comum.

Isso porque, na maioria desses tratados teóricos sobre Magia, dado o complicado "falatório" sobre astros e astrologia esotérica, selos planetários e banquetas mágicas, salamandras, ondinas e elementares que, ora dizem ser larvas, ora dizem ser "tinturas de idéia", ora afirmam ser "espíritos da natureza" e misturam ainda nessa "salada" uma série de exorcismos, resulta tudo em grossa confusão, deixando a mente do estudante assim como que presa de um extenso cipoal de suposições...

Desse mal se queixam também os próprios estudantes de ocultismo — não umbandistas...

E todos estão certos — até certo ponto, pois essas obras são assim mesmo.

Então, esses irmãos umbandistas costumam interrogar-nos assim: Irmão da Matta e Silva, sendo a Umbanda uma poderosa Corrente e tendo dentro de si os aspectos religioso, filosófico, simbólico, mitológico, ritualístico ou litúrgico, os fenômenos da mediunidade, até o da metafísica, o terapêutico e mágico ou de Magia — por que não aprendermos as "coisas" mágicas que nos são mais afins e úteis? Sendo os nossos caboclos e pretos-velhos verdadeiros Magos, devemos ou não pautar nossos estudos segundo seus ensinamentos e suas práticas?

É claro que sim! E para isso (cumprindo a parte que nos toca) estamos respondendo com este livrinho que trata de Magia e dos seus aspectos altamente positivos, para que possam defender-se das forças antagônicas, bem como praticar a caridade, escudados nos meios ou nas forças positivas da Magia, pois a massa humana que leva seus "casos e suas coisas" para os Terreiros de Umbanda e por lá costumam "despejá-los" não os leva a outros lugares, isto é, jamais pediria num Centro Kardecista ou numa Igreja socorro para certos tipos de mazelas, ou para certa classe de necessidades...

E os umbandistas de entendimento e de fato sabem que não se faz a caridade apenas dando pão, dinheiro e prece. Há sofrimentos vários, há várias mazelas tremendas, por via de influências do baixo-astral, que requerem CARIDADE e da boa, e que somente poderá ser feita através da manipulação de determinadas forças, dependendo tudo do conhecimento que se tenha de certos elementos da MAGIA...

E é com o pensamento fixo na Caridade que o umbandista iniciado usa elementos ou os conhecimentos próprios da Magia Branca, pois ele sabe que o caminho máximo da salvação é a Caridade; todavia, também sabe que é necessário percorrê-lo com AMOR e SABEDORIA...

Pois ninguém alcança a verdadeira Iniciação, ou melhor, nenhuma criatura sobe os degraus da Evolução apenas com *amor*, nem tampouco somente com a *sabedoria*.

AMOR e SABEDORIA, esse o duplo aspecto: um se completa com o outro. Devem ser inseparáveis numa verdadeira iniciação — são imprescindíveis à iluminação de uma criatura. Porque AMOR é caridade, é bondade, é renúncia, é a doutrina, é tudo aquilo que há de belo e de sublime nos Evangelhos atribuídos ao Cristo Jesus; e SABEDORIA é a ciência das Leis de Deus — é no plano relativo o conhecimento que se deve adquirir das forças internas, quer da natureza das coisas visíveis e palpáveis, quer da natureza daquilo que é só sensível ou mesmo invisível.

E como a MÃE de todas as Ciências que os humanos sábios foram catalogando no decorrer dos séculos ou dos milênios foi a MAGIA, nada mais lógico do que procurar nas raízes, na Matriz, os conhecimentos relativos e indispensáveis para se chegar à SABEDORIA (não a Sabedoria-Absoluta, que essa é atributo interno do Supremo Manipulador da Natureza — DEUS).

Assim, vamos encontrar neste livro *coisas* que se relacionam mais com os conhecimentos de ordem mágica, ou seja, com a Senda da Sabedoria. Vamos abordar conhecimentos ditos mais como das ciências ocultas, porque o que esses irmãos umbandistas nos solicitaram foi: maiores meios de fazer a Caridade, sob todos os aspectos, isto é, sob uma série de humanos desajustamentos e aflições várias que escapam *às vias de socorros usuais*.

O que nos pediram — é claro — foi certas aplicações de MAGIA da UMBANDA que pudessem capacitá-los a enfrentar condições especiais, sem que sofressem os impactos do *mal combatido...*

Portanto, não vamos nos estender neste livro sobre os assuntos que já constam ou que já estão versados em nossas obras anteriores, em número de quatro, com várias edições e, portanto, de excelente aceitação.

Nelas, o leitor umbandista, ou não, encontrará de tudo sobre Umbanda. Poderá consultá-las, na certeza de que elas representam o pensamento interno da Corrente Astral de Umbanda — o mesmo que dizer, de nossos "caboclos, pretos-velhos" etc.

Porque — convém frisarmos aqui — nós não nos dedicamos a escrever sobre "folclore" e nem tiramos "diploma de escritor umbandista" pelos livros dos Srs. Édson Carneiro, Artur Ramos, Nina Rodrigues e outros dignos e esforçados observadores dos costumes religiosos, sociais etc., dos negros, através dos chamados "candomblés"... Nós escrevemos sobre Umbanda de fato e de direito, isto é, sobre a Umbanda esotérica, e estamos firmados em muitos anos de estudos e práticas, como médium e sobre médiuns...

Umbanda — já o provamos exaustivamente — não é e nunca foi culto africano ou ritual de nação africana, também chamado "candomblé".

Essas quatro obras onde tudo isso está sobejamente provado são: *Umbanda de Todos Nós* — um tratado com 288 páginas e centenas de clichês diversos; *Sua Eterna Doutrina* — com 200 páginas; *Lições de Umbanda e Quimbanda na palavra de um preto-velho* — com 124 páginas; e *Mistérios e práticas da Lei de Umbanda* — com 208 páginas.

• • • • • • • • • • • • • • • • • •

Agora uma palavrinha especial a nossos irmãos que se dizem, ou não, "magistas, esoteristas, ocultistas, orientalistas etc.", esses mesmos que assumem ares de "peito oco, fofo, balofo" de tanta vaidade e falsa sapiência e que de seus gabinetes pretendem ditar conceitos sobre Umbanda, julgando-a "coisa de 3ª classe"...

Vocês, irmãos, não sabem coisa alguma a respeito da Corrente Astral de Umbanda! E vamos dizer logo de uma vez: quase nada também a respeito do que vocês chamam de "seus conhecimentos sobre as chamadas ciências ocultas", porque esses "conhecimentos" estão em mais de 80% *apoiados* em bases falsas, isto é, em ensinamentos deturpados, interpolados, retalhados, forjados, cópias de cópias de *primitivas alterações*...

Em que vocês se firmam mais para encher o "peito de empáfia"? É na dita Tradição Iniciática ou esotérica — o mesmo que dizer, na KABALA.

Mas — dizemos-lhes nós: — está correta *essa Kabala* (ou Tradição) que vocês tanto estudam e seguem? NÃO! Por quê? Vocês não sabem? Diremos... "de cá da Umbanda".

Saibam que todos os conhecimentos dos antigos magos e Iniciados Egípcios, herdados da primitiva Tradição ou ORDEM, foram sintetizados e "guardados" nos *quadros murais* em números de 78, descobertos na Pirâmide de Memphis. Eles eram e são a essência da Sabedoria dada aos eleitos e por eles assim arquivados para a posteridade...

Somente os iniciados de fato, os magos de fato, podiam e podem interpretar os segredos ali representados...

Hermes Thot e sua Escola tinha esses 78 quadros, que se denominaram Arcanos Maiores e Arcanos Menores, reproduzidos em lâminas de ouro, formando uma espécie de LIVRO.

Esse Livro era considerado, e ainda o é, como a chave da Kabala, da Magia e também a chave da proto-síntese científico-religiosa.

Daí — desse livro — foi que compuseram o chamado TAROTH (o Tarô) em 78 cartas, também.

Dessa fonte original, dessa Tradição da Sabedoria Antiga, foi que os iniciados prepararam a dita Kabala, que, em hebraico ou em egípcio antigo, significa o mesmo, isto é, Tradição...

Porém, acontece que a Kabala verdadeira do conhecimento dos Magos Egípcios era designada como ÁRIA ou NÓRDICA. Esta é que continha os *segredos de tudo*, enfim, as fórmulas corretas, os conhecimentos aplicáveis etc., e que foi "ocultada" de fato, logo que se iniciou o famoso Cisma de Irshu, na Índia, porque atingiu logo outros países...

No entanto, aconteceu que os hebreus, aprendendo *somente aquilo* que lhes quiseram revelar sobre essa Kabala Ária ou Nórdica, logo a seguir, baseados na *interpretação irregular* de seus *Arcanos*, compuseram também (na falta daquela) *uma* que passou a ser conhecida como *Kabala Hebraica*, quase toda alterada. Portanto, uma *falsificação* da verdadeira.

Tanto é que começaram por dividir os Arcanos em 22 + 56, gerando com isso profunda deturpação na "passagem dos mistérios", pois foge à base da Numerologia Sagrada (revelada na Umbanda de hoje), visto o certo ser 21 + 57, ou seja: 21 Arcanjos Maiores e 57 Arcanjos Menores...

Ora, é desta Kabala Hebraica, mal interpretada, adulterada, que o ocultismo ocidental está cheio, através de vastíssima literatura. Livros e mais livros sobre Kabala x Kabalismo foram sucessivamente sendo lançados, uns copiando os erros dos outros, até nossos dias...

Então, por que esses pretensos magistas, ocultistas etc., menosprezam a Umbanda que se firma na verdadeira Tradição e eles na falsa tradição "empurrada" pelos orientais?

Digamos mais alguma coisa a eles: é um fato comprovado por todas as autoridades, historiadores e pesquisadores idôneos que, nos estudos que procederam nos livros sagrados de todos os povos do Oriente, inclusive em suas inscrições petrográficas, hieróglifos etc., todos comprovaram que a luz-iniciática, as ciências ou a proto-síntese científico-religiosa veio do Ocidente...

Tanto é que os sacerdotes brâmanes e os próprios mahatmas afirmavam que da Terra de UM — a antiga Atlântida, que ligava a América do Norte à África, que ficava dentro da imensa Terra de Gondwana, a Lemúria dos indianos, que é o que hoje se compreende como a América do Sul, a África e a Oceania — é que lhes veio a Tradição, ou seja, a antiga Sabedoria das coisas humanas e divinas ou ainda a ORDEM, a Lei do Verbo ou as revelações das Leis eternas...

Essa ORDEM já vinha firmada entre os Atlantes, que, possivelmente, receberam-na dos lemurianos e estes de uma original raça troncal, que foram os primeiros habitantes (como reino hominal propriamente dito) do planeta Terra.

E foi também praticamente provado por Lund, Ameghino e outros que esses primeiros habitantes surgiram na era terciária, precisamente aqui, nesta região que se denominou Brasil, pois o seu planalto central foi a primeira região a emergir do pélago universal.

Esses primordiais habitantes do Brasil se chamavam mesmo brasilanos. Esses brasilanos tinham seus sábios (magos) que eram denominados payés.

Bem, ainda para efeito de conexão ou exemplo de relação, foi comprovado que os sinais astronômicos derivaram dos sinais adâmicos (primitivo alfabeto) que as Academias dessa citada Ordem ensinavam como de origem divina, isto há uns 100.000 anos.

Todavia, a velha crônica de Lê Sincele (George), as listas de Manethon (historiador), os livros de Hermes, os de Jô, os tijolos da Babilônia, as inscrições petrográficas do México, do Peru e sobretudo as do Brasil, da Europa, Ásia, da África etc., confirmam a existência dessa remota Academia e desses sinais astronômicos em suas formas mais primitivas e rudimentares.

E ainda: Diodoro, Cícero e Oppert fazem remontar as observações astronômicas dos caldaicos, em Babilônia, a uma época de 473.000 anos, antes da expedição de Alexandre, provando pelas suas inscrições que esse povo já havia determinado eclipses solares e lunares periódicos e os movimentos planetários 11.542 anos antes de Cristo, com absoluta precisão...

Ora, um estudo comparado sobre a origem dos signos e da grafia deixa evidente que os próprios sinais do alfabeto adâmico são nada mais nada menos que derivações dos sinais usados originariamente pelos nossos *payés* daquelas eras... Com isso queremos dizer que a grafia original — mãe de todas as grafias — teve *seu berço* aqui no Brasil...

E pela interpretação dos sinais deixados nas pedras de várias regiões do Brasil, e mesmo por dentro da verdadeira e antiqüíssima tradição de nossos aborígines, ressaltam os ensinamentos sobre uma antiga Ordem ou Academia — dita já como o tuyabaé-cuaá...

É por isso, com esses simples indícios, que se vê a veracidade das informações dos veneráveis mahatmas indianos, quando, sendo mais explícitos, ensinavam que foi Rama, um celta europeu, que difundiu por todo o Oriente os mistérios de uma Academia, de uma Ordem etc. Essa *Ordem,* que vinha através dos milênios conservando a verdade iniciática, sofreu um tremendo impacto no último ciclo de 36.525 anos — chamado como a duração do Reinado dos Deuses (dos magos), segundo a *velha crônica* dos egípcios...

Porque foi no final desse ciclo que se deu o famoso Cisma de Irshu (histórico e descrito no Ramayana), quando foram derrubadas todas as Academias dessa Ordem de Rama e se formou a Ordem Iônica, porque a primitiva se chamava Ordem Dórica...

É essa Ordem Dórica, original e verdadeira, que a Umbanda de nossos tempos representa, pretende e luta por restaurar pelo menos na consciência dos escolhidos... Para que eles doutrinem, lutem e lancem as sementes da Verdade...

Porque a Corrente Astral de Umbanda, nessa 1ª fase de ação no Brasil, e por dentro dessa coletividade chamada dos cultos afro-brasileiros, teve um objetivo e se apresentou assim, com "caboclos, pretos-velhos" etc. Porém, na 2ª fase de Ação, a se iniciar dentro de poucos anos, essa Corrente vai revelar novos aspectos... novos horizontes. É só, senhores "magistas esoteristas, ocultistas"...

ADVERTÊNCIA

Irmão leitor: agora que você está pretendendo ler este livro e, naturalmente, pelo seu título, você espera encontrar nele muitos ensinamentos úteis, práticos e — por que não dizer? — a orientação segura que você esperava sobra Magia de Umbanda, saiba que, realmente, vai encontrar esses ensinamentos... Todavia, deve, antes de tudo, meditar sobre os simples conselhos que estamos dando a seguir, a título de advertência...

Irmão: Se você pretende praticar a Sagrada Magia de Umbanda, *de coração limpo* e no firme propósito de servir a seus semelhantes *na linha justa da caridade*, então leia todo o livro, e as "portas do astral" se abrirão para você, cada vez mais. Enfim, o seu entendimento receberá maiores clarões...

Irmão: Se você pretende aurir nessa obra os conhecimentos necessários à *sua defesa pessoal*, sem jamais ferir ou pretender ferir o seu próximo, então leia-a, que será recompensado. Nela você encontrará esses *legítimos meios*...

Irmão: Se você espera achar neste livro os meios corretos para a *justa melhoria* em suas *humanas condições*, leia-o... Até isso você encontrará...

Porém, se você tem o coração negro, tem ódios, rancores, ciúmes, vaidades anormais e quer de alguma forma explorar ou prejudicar a qualquer de seus semelhantes, feche o livro, não leia, não tente usar o que aqui se ensina, porque você vai cair num "abismo tremendo". Vai se envolver com *forças de tal ordem* que passará a um mero joguete sob seus impactos...

Porque, saiba, irmão magista, ocultista, esoterista, umbandista etc.: para se praticar ou para se pôr em contato com as Sagradas

Forças da Magia Branca é imprescindível que se tenha o *coração limpo* e a mente serena, isto é, os pensamentos voltados única e exclusivamente para o BEM...

Assim, faça um exame de consciência, analise friamente suas condições morais, enfim, seus sentimentos, e leia com bastante calma "O Sermão da Montanha"... Ei-lo:

"Bem-aventurados os pobres de espírito, porque deles é o reino dos Céus...

Bem-aventurados os que choram, porque eles serão consolados...

Bem-aventurados os mansos, porque eles herdarão a terra...

Bem-aventurados os que têm fome e sede de justiça, porque eles serão fartos...

Bem-aventurados os misericordiosos, porque eles alcançarão misericórdia...

Bem-aventurados os *limpos de coração*, porque eles verão a Deus...

Bem-aventurados os pacificadores, porque eles serão chamados filhos de Deus...

Bem-aventurados os que sofrem perseguição, por causa da justiça, porque deles é o *reino dos Céus*...

Bem-aventurados sois vós, por minha causa"...

(Mateus 5, 6, 7)

Leu? Meditou? Então? Sente que pode se harmonizar com este "sermão"? Sente que ele interpretou seu coração, seus sentimentos?...

Se realmente sentiu essa harmonia, essa compreensão... Pode ler este livro...

Porque — convém repisarmos, para tirar qualquer dúvida de seu pensamento: — se você é um desses que quer aprender as coisas mágicas da Corrente Astral de Umbanda para fins escusos ou inconfessáveis, você não é umbandista, é um falso umbandista... Então — *cuidado* sobre o uso que pretende fazer daquilo que aprender aqui...

Atente: não se movimentam elementos de Magia Branca para fins de *magia negra*. Isso é suicídio *psíquico*... Entendeu?

ESTÁ NA HORA, IRMÃOS!

Não importa que você, meu irmão, Umbandista, Ocultista, Magista, Esoterista, Espírita ou seja lá o que for!...

Você tem uma "gota de luz"?...

Se a tem, precisa, já, derramá-la sobre os que ainda não a possuem...

Pois você deve saber que estamos no fim de um *Ciclo* onde a seleção, a escoimação ou o expurgo são condições já decididas pelas Hierarquias Superiores e você precisa cumprir a sua parte!...

Então, por que essa *indiferença*, se você sabe e tem meios de elucidar, doutrinar etc.? O que está esperando?...

A sua indiferença, o seu comodismo podem não ser conivência direta com os erros, com a exploração, mas talvez seja uma *covardia espiritual*...

Você sabe que todos que podem de alguma maneira cooperar no combate à ignorância religiosa, à exploração sobre qualquer aspecto, já estão com o "dedo do astral" *em cima*? Já foram *apontados, fichados* para esse mister?

Você quer ser "fichado" nos Tribunais do Astral como indiferente? Porque sua indiferença já foi assim "classificada": ou é comodismo do *egoísta, ou conivência, ou covardia espiritual*...

Não se iluda com certas "fórmulas filosóficas" que pregam o desprendimento *de tudo*...

Ninguém foge à luta, ao combate espiritual, sem cair nas injunções sombrias de seu próprio Karma, pois ninguém dá as costas ao cego de espírito, aos de entendimento ofuscado e sobretudo aos que somente estão esperando "uma gota de luz", tendo meios para isso, sem que sofra as conseqüências de sua covardia espiritual...

Sim! Você está meditando sobre isso? Mas, está claro. O caso se resume nisso: *Você, podendo, não faz, tendo para dar, não dá...*

Ah! Já sei... Você é apenas um *acomodado*, não quer contrariar ninguém... Pois sim... Você será incomodado por *outros lados...*

Irmão Umbandista, Magista, Esoterista etc.: Cumpra a sua parte desassombradamente! Você tem uma *gota de luz*!... Derrame-a sobre a ignorância de seus outros irmãos...

Desencarne levando esse "crédito" para sua *ficha kármica*, que é o de ter feito todo o possível para ajudar na evolução de seus semelhantes, esclarecendo-os.

Se você é desses que vivem lendo obras espiritualistas, esotéricas, espíritas e mesmo os Evangelhos só para o seu "bem-estar", não se preocupando em elucidar, quando tem oportunidade, saiba que *isso* é uma forma de egoísmo muito prejudicial... a você mesmo. Porque você não desconhece *o efeito dessa Lei*: "dando é que nos credenciamos a receber"...

Sim, não adianta pensar e procurar uma evasiva. Atente: aquele que se intera das grandes verdades pela luzes que lhes são próprias deve espalhá-las, deve reparti-las, sempre que puder. Sem que, com isso, queira apagar sozinho a "imensa fogueira do mundo"... Porém, dê seu "copo de água"...

A UMBANDA

A Umbanda... Vamos definir mais uma vez, ainda que em linhas simples, pois muitos irmãos, ao lerem este livro, talvez ainda não tenham tomado conhecimento das obras anteriores de nossa autoria e já citadas na Introdução... A Umbanda é uma poderosa Corrente Espiritual, mantida do Astral para a massa humana e afim aos terreiros, às Tendas e Cabanas. Mantida, é claro, pelos espíritos que denominamos de caboclos, pretos-velhos e crianças...

Essa Corrente Astral de Umbanda é uma das mais fortes integrantes do Governo Oculto do Mundo e por isso lhe foi confiada uma grande missão no Brasil — Coração do Mundo, Pátria do Evangelho...

Essa Missão foi a de *ajudar e guiar* uma coletividade mais pobre, mais humilde, mais necessitada, quer no aspecto humano propriamente dito, quer no da doutrina das Leis do Pai Eterno... Essa Coletividade foi denominada como a dos adeptos dos cultos afro-brasileiros.

Muito embora essas condições estejam, hoje em dia, bastante superadas e a influência da Umbanda já tenha se projetado, se firmado mesmo em todas as classes sociais, o fato é que *o impulso primitivo de sua razão de ser* ou de atuar — aqui no Brasil — foi o de incrementar a evolução dessa dita imensa coletividade que se vinha arrastando dentro de práticas e concepções ligadas aos aspectos confusos e degenerados do chamados cultos africanos (ou rituais de nação), a par ou de mistura com certas influências oriundas dos ritos de nossos aborígines...

Esse duplo aspecto, que vinha norteando as linhas afins dessa massa, ainda recebeu a influência do catolicismo, e nos últimos 50 anos, a do espiritismo dito como de Kardec.

Foi quando as Hierarquias Superiores acharam por bem intervir diretamente e fizeram com que se criasse, do astral para essa massa dos adeptos dos cultos afro-brasileiros, todo esse poderoso Movimento que, logo, foi definido ou esclarecido como de Umbanda.

A Umbanda, de alguns anos para cá, foi enriquecida com uma vasta literatura, por onde se constata que ela pode ser codificada a qualquer momento, bastando para isto que a escolha seja feita por dentro do que há de mais *certo e de mais interno*.

A Umbanda se revela de uma atração irresistível para o povo, porque nela os fenômenos da mediunidade surgiram como uma espécie de *alavanca* que sustenta e movimenta os terreiros...

Nas Tendas, nos dias de sessão, esse mesmo povo, isto é, os crentes, os simpatizantes e os necessitados, sabem que costumam "baixar" o pai Fulano, o caboclo Sicrano e correm para receber seus passes, entrar numa corrente de descarga com uma boa defumação, além de lhes ser facultado aconselharem-se com as entidades dos médiuns de confiança, a fim de "desabafarem" sua amarguras, suas mazelas, enfim, seus casos e suas coisas íntimas... Tudo isso espontaneamente[1], movidos pela fé ou pela confiança (é claro que estamos nos referindo às Tendas de Umbanda de fato, onde em verdade se pratica a caridade pela caridade).

A Umbanda tem uma espécie de "força misteriosa" ao atrair e agradar as pessoas de todos os entendimentos... Porque, já está provado, é uma Religião genuinamente popular, do "povo pobre" e isto se dá por vários fatores importantes, dos quais vamos ressaltar

---

[1] Conhecemos muitos católicos-umbandistas (sim, porque eles existem aos milhares) que vão à missa, rezam, fazem promessa, e pagam, vão batizar filhos e parentes por lá e até casá-los também... Mas, se aconselhar, isto é, confessar — lá isso não! Na hora de "confessar" é mesmo com "caboclo e preto-velho" na Tenda ou no terreiro que eles vão...

apenas quatro: a) pela absoluta tolerância e ausência de qualquer preconceito de cor ou de raça, pois não se pergunta ao necessitado de onde vem ou a que religião pertence etc.; b) pela riqueza de sua liturgia, ou seja, pela variedade de seus rituais de terreiro a terreiro, pelos quais cada um se coloca segundo seus graus de afinidade; c) pela dita manifestação dos fenômenos da mediunidade, que são o vértice ou a razão de ser exterior, tudo isso a par com a fama que corre sobre tal ou qual terreiro com seu caboclo Fulano ou preto-velho Sicrano; d) pelos aspectos mágicos, isto é, pela terapêutica astral com suas defumações, seus banhos etc.

A maioria desses aspectos, numa verdadeira casa "umbandista", tem sua seqüência natural dentro da Magia Branca dos "caboclos e dos pretos-velhos", que nunca se afastam — convém sempre frisarmos — da linha justa da caridade...

E os conhecimentos corretos e aplicáveis desse quarto aspecto — o da Magia — que no passado foram privilégio só das elites que somente faziam uso deles para seus interesses próprios, ou melhor, para os de sua classe social, foram-lhe "cassados" como justo castigo ao egoísmo...

O Astral Superior achou por bem estender um denso véu no entendimento dessas elites e foi quando começaram a embaralhar tudo, a não compreender mais o que vinham praticando, ou seja, foram esquecendo os conhecimentos legados pela antiga tradição... Perderam as chaves mais simples de certas aplicações da Magia Branca.

Essas elites ficaram apenas no "encantamento" das fórmulas mágicas, vazias, teóricas e ainda hoje se pode constatar tudo isso nessas grandes sociedades ou Escolas que dizem conservar o "segredo, o mistério real da Magia"... Da vaidade, isso sim...

E para não nos estendermos aqui numa série infindável de provas ou conceitos, é bastante citarmos o próprio Jesus — O Mestre da Justiça — o maior de todos os Iniciados, quando admoestava assim: — "Ai de vós, doutores da Lei, que tirastes a chave da ciência; vós mesmos não entrastes e impedistes os que entravam"...

Todavia, podemos afirmar que esses citados conhecimentos aplicáveis de Magia Branca ressurgiram dentro da Corrente Astral de Umbanda, nos ensinamentos corretos de suas entidades militantes...

Porque — é um fato e nós o reafirmamos sempre — a Umbanda tem *magia*. Suas verdadeiras entidades sabem usar o "decantado" segredo mágico dessa força. Eles são magos e a prova irrefutável disso é que, onde um desses caboclos, um desses pretos-velhos realmente "baixar" (isto é, onde se encontrar um verdadeiro médium deles), pode-se ter como certo que *coisas boas* baixarão, ou segundo as humanas necessidades...

Então, como estávamos dizendo, essas elites que vinham e vêm ainda "trancadas" no seu círculo, perderam o *fio certo* da dita magia — e coisa assombrosa! — ela foi lançada no seio da massa humilde e necessitada, justamente para os mais desprovidos de recursos, com sofrimentos vários e mazelas de toda espécie e que não podem pagar médicos e medicamentos caríssimos... Sem falar dos próprios ricos que, já cansados desses tratamentos "modernos", acabaram *caindo* na Umbanda, nos terreiros, e se curaram...

Entretanto, não podemos negar, pelo contrário, temos até afirmado veementemente, que há percalços, há grandes arestas a cobrir e que incomodam a seara umbandista. Isso porque o meio cresceu tanto e tão rapidamente que não escapou à penetração de elementos sabidos, exploradores, e dos ignorantes também que, por isso ou por aquilo, deram de "abrir terreiros"...

E por aí é que pega a coisa; vem a confusão, a mistura dos "alhos com os bugalhos", pois todos querem praticar a magia de nossos caboclos e pretos-velhos...

Que uma pessoa possa suportar a *vaidade do sabido*, vá lá, porque ele pavoneia sua vaidade, mas tem conhecimento, tem estudo... Porém, tolerar a *vaidade do ignorante*, vazio e cheio de bobagens, é simplesmente indigesto...

A par com tudo isso, os espertalhões criaram um sem-número de fetiches ou "bugigangas mágicas" de tal ordem e em tal profusão, que dá pena ver como a "santa ingenuidade da massa" adquire essas "coisinhas" e, o que é mais deprimente... a pedido de certos terreiros...

É de uma infantilidade pasmosa ver criaturas comprarem os mais caros cocares de pena (que variam de dezoito mil cruzeiros a setenta mil) e ao mesmo tempo se cobrirem de colares de louça e vidro, para "receber o seu protetor"... Ah! Infantilidade anímica! Ah! Santa tolerância dos caboclos e dos pretos-velhos, que *olham* para essas coisas todas com a sublime compreensão dos que sabem ver o grau de entendimento de "seus filhos-de-fé"...

Mas deixemos essas "arestas" de lado e vamos falar de *mediunidade na Umbanda*, mais uma vez, porque se impõe, nessa altura e de conformidade com o que está *acontecendo* por aí, quando os setores que a praticam ou dizem praticá-la ainda não perceberam os gravíssimos perigos a que estão se expondo, pela maneira como estão levando e mesmo alimentando "tanto mediunismo"... abstrato.

Porém, antes de comentarmos mediunidade, permitam-nos uma ligeira "doutrinação kármica" sobre a razão de ser da cor negra e que entrará como uma espécie de *calmante*, na *excessiva* sensibilidade que muita "gente boa" tem... em relação à Umbanda...

A CONDIÇÃO DE SER NEGRO E UMA DAS RAZÕES DE SER DOS CHAMADOS "PRETOS-VELHOS" DA UMBANDA

Nesta oportunidade, somos obrigados a levantar certos esclarecimentos, para *certos setores* espiritualistas, esotéricos, pelo "pavor" que lhes inspira a Umbanda...

Aliás, não é bem "pavor"; é ojeriza... sentem "alergia", não se misturam...

Eles — as criaturas desses setores (não são todas), muitos até doutrinadores e luminares dos espiritismo de Kardec — ainda não entenderam bem por que se diz: Brasil — Coração do Mundo — Pátria do Evangelho...

Irmãos — isto aqui é um país sem preconceitos. A América do Norte é longe. Mas, vamos ao citado esclarecimento.

A condição de ser negro ou de encarnar na situação física de uma epiderme negra é ou *simples necessidade kármica ou disciplina kármica, também.*

No primeiro caso, o espírito já vem reencarnando em raças ou famílias de epiderme escura ou negra, dado que *não se libertou ainda* de uma série de desejos e de impressões de fundo nitidamente atávico ou fetichista, inerente à citada raça negra...

Enfim, não se libertou ainda de todo um sistema de impressões atávicas, fetichistas, místicas, que se encontram "armazenadas" em seus *núcleos vibratórios* ou em sua *matriz perispirítica,* * inclusive das for-

---

* Ver esse assunto em nossa obra *Lições de Umbanda e Quimbanda na palavra de um preto-velho.*

tes tendências ou vibrações instintivas que continuam em sintonia com seu estado de alma e que o faz cair na corrente kármica reencarnatória, que o conduz sempre aos mesmos núcleos humanos afins...

Fica, portanto, claro que é a Lei Kármica que ajusta, dentro de um processo que a *necessidade do espírito requer...*

No segundo caso, tudo se relaciona a *uma questão de disciplina* ou castigo kármico. Entram nisso os egoístas, prepotentes, orgulhosos, desapiedados, enfim, seres que tripudiaram sobre a miséria dos outros, quando foram na vida humana "grão-senhores", assim como altos sacerdotes, cientistas, industriais, senhores feudais (no Brasil — senhores de Engenho). Muitos deles se serviram dos elementos de raça negra, em passadas encarnações, como *escravos*, tratando-os mais como animais de carga e por isso tudo recebem como *disciplina*, reajustamento ou castigo kármico, a condição de reencarnarem ligados a uma epiderme negra...

Nós, iniciados umbandistas, podemos identificá-los a cada passo. Nossa penetração psico-astral revela existirem neles humilhação, vexame e até ódio, por estarem naquela condição, porque, não acontecendo isso com eles pela necessidade simples que têm de assim encarnarem e sim como *disciplina ou castigo* a suas arrogâncias (eles que no passado foram "senhores brancos" e desprezavam a cor negra), é certo que o *grau de evolução* que lhes é próprio *está muito acima* do grau da maior parte de seus semelhantes na cor...

Também é certo, certíssimo, que muitos seres evoluídos do plano astral solicitam e obtêm dos Tribunais de cima permissão para cumprirem *missão* ou mesmo para completarem alguma coisa que ainda lhes falta karmicamente, encarnando *voluntariamente* no seio de famílias de cor, assim como um teste ao grau de humildade que adquiriram e querem que seja comprovado em suas *fichas kármicas...*

Assim é que várias de nossas entidades ditas como "pretos-velhos", no grau de Guias e Protetores, usam a "roupagem fluídica" de um *corpo astral de negro*, mesmo no citado plano astral e daí poderem militar na Corrente Astral de Umbanda...

A MEDIUNIDADE NA UMBANDA

Já temos escrito muito sobre mediunidade e, pelos esclarecimentos que demos, temos a certeza de que centenas, milhares de criaturas, de irmãos, já conseguiram se libertar, isto é, já quebraram os *grilhões* que os prendiam a certas práticas "mediúnicas"...

Conseguiram essa libertação porque, lendo e meditando, vendo e comparando (segundo as simples elucidações contidas em nossas obras), *romperam* os "véus" que lhes obscureciam o entendimento e passaram a ver esses aspectos corriqueiros de certas sessões em suas justas condições...

E é por isso que doutrinam por todos os lados: "a pior cegueira é a da ignorância"... E o único *remédio* para ela se chama *esclarecimento*.

Nós temos cumprido a nossa parte nesse mister, graças a Jesus, o Mestre de Justiça do Planeta Terra!

E nós estamos, como sempre, esclarecendo mais um pouco; vamos dizer "duras verdades", porém, necessárias... Não nos move a vontade de destruir, atacar, criticar! Não! Apenas somos movidos por uma força imperiosa que, do astral, ordena que digamos a verdade! Sempre a verdade...

Portanto, devemos reafirmar em alto e bom som: Mediunidade, ou melhor, médiuns de afinidade direta da Corrente Astral de Umbanda existem!

Apenas não estão todos por aí, aos milhares, nas sessões de todas a noites, como se fosse a coisa mais *banal* desse mundo "receber" (incorporar) centenas e centenas de entidades...

Como se *falanges e mais falanges* de "caboclos e pretos-velhos" estivessem à disposição dos "médiuns", prontas a entrarem em função a um "simples toque de um botão elétrico"... em atendimento ao simples fato de assim desejarem...

Como se as condições reinantes na maioria dessas sessões estivessem de acordo, em sintonia, para que, dentro da Lei de afinidade, eles encontrassem *campo* para os legítimos contatos mediúnicos!

Dissemos acima que médiuns da Corte Astral de Umbanda existem, mas não estão por aí, assim... às ordens de qualquer um.

É impossível que outros, não apenas nós, ainda não tenham percebido que, há anos, já se fez sentir, sobre todos os ambientes que praticam ou invocam as manifestações mediúnicas, *a força de uma lei* que, já em 1956, em nossa obra *Umbanda de Todos Nós*, denominamos como de *retração*!

Sim! Houve e continua havendo grande retração dos fenômenos mediúnicos ou espíritas propriamente ditos, sobre dezenas, centenas talvez de criaturas que portavam, de berço, o dom da mediunidade e apenas estavam aguardando o *tempo justo do desabrochar*!

Mas — por que isso aconteceu e está acontecendo?...

Ora, porque mercantilizaram a mediunidade, expuseram-na nos balcões dos mais variados e inconfessáveis interesses e dos mais tortuosos desejos. E, não é só: expuseram os médiuns inexperientes em panoramas de vaidosas encenações, de tais humanas atrações que, os que não *baquearam, caindo de vez*, envolveram-se tanto e tanto que acabaram a "ver navios"... Ficaram sós, sem assistência de seus protetores que foram... "oló"...

Dizem que essas coisas todas e outras mais são sinais dos tempos, males da época, fim de ciclo!...

Cremos que sim! No entanto, precisamos fazer algo mais, todos, trabalhando, combatendo, doutrinando em benefício dos que ainda podem se salvar e dos que ainda *não caíram* nos abismos das *quedas, dos fracassos*. Lancemos, enfim, um brado de alerta aos predispostos... E, particularmente, aos que andam em busca do *caminho certo* e que "não querem comprar nem vender ilusões"...

Porque, em qualquer Tenda de Umbanda onde houver sinceridade, limpeza moral etc., é possível, é quase certo, ter a assistência desses humildes trabalhadores da seara do Cristo Jesus — chamados "caboclos, pretos-velhos e crianças"...

Para isso é necessário que criem as condições indispensáveis a suas presenças! Porque mediunidade é sublime missão, é luz redentora! É ter humildade, é ter compreensão, é ter simplicidade! Não queremos dizer, assim, que todos sejam perfeitos! Não! Perfeito só o Pai — como disse Jesus...

Porém, que cada qual se capacite e passe a entender claramente que, *com sujeira no corpo, de alma ou de ações*, NINGUÉM PODE SER UM VEÍCULO DE FATO E DE DIREITO DE CABOCLO OU PRETO-VELHO!!!

Assim, vamos iniciar agora mais uma de nossas conversações francas e diretas...

— Você, meu irmão umbandista, que dirige uma sessão, é chefe-de-terreiro, como se diz vulgarmente — tem o "seu terreiro" cheio de médiuns? Claro — você o tem...

— Você é dos "tais" que "desenvolve" os seus médiuns rodando-os desesperadamente e jogando sobre eles as fumaçadas de um possante charuto ou de um rijo cachimbo, desses que até têm uma figura com chifres? E ainda diz, por *cima disso tudo*, quando eles dão cabaçadas às tontas e mesmo caem no chão: — "você precisa ter mais fé... caboclo que *pegar* você firme, mas você está muito duvidoso dele"...

— Pois bem, meu irmão — se você faz isso, não passa de "um cego, guia de cegos"...

— Meu irmão "chefe-de-terreiro": — você é desses que sugestionam uma criatura, afirmando que ela é médium mesmo, que tem um bonito caboclo ou um poderoso preto-velho e mesmo um grande "orixá", só para prendê-la no seu terreiro e acrescentar mais um a sua corrente ou ao número dos que ali já estão nessa esperança, produzindo assim mais um candidato ao neuroanimismo e à mistificação inconsciente? É?...

Pois bem! Você está agindo mal, está alimentando a boa-fé dos ingênuos, dos ignorantes, está vendendo ilusões e a qualquer instante você poderá cair em "maus lençóis"... Porque você está querendo "mascarar" os outros, com sua própria "máscara". *

— Meu irmão! "Poderoso babalaô, tata, pai-de-santo, babá ou como quer lhe chamem: — você é desses que, além disso tudo, ainda inventam preceitos de toda sorte, vão às cachoeiras, ao mar, à mata (e à "encruza" também) e "empaçocam" a cabeça das pessoas tidas como médiuns com bebidas e ervas confusas e ainda enchem o pescoço dos ditos com esses lindos colares de louça e vidro e até os envaidecem mais, determinando que eles adquiram esses vistosos cocares de penas multicores para se exibirem e dar mais encenação a sua sessão?... É?...

---

* Porque, oh! irmão! Sugestionar uma pessoa para ser "médium" é empulhar, ou melhor, é predispor o seu psico-somatismo a sensíveis e mesmo a graves irregularidades ou transtornos...

Conhecemos pessoas de um animismo tão profundo, que, "por dá cá aquela palha, *recebem* "espíritos", às vezes até deitados na alcova...

E jamais podemos esquecer as ações de uma certa criatura que possui a mais perfeita máscara artística que já vimos num neuroanímico. Ele chegava até a se emocionar, chorar mesmo... "quando via os espíritos", ou seja, "as suas entidades protetoras" que, naquela altura, já se contava em número de *onze*. Tudo nele, em matéria de mediunidade, era mais perfeito do que nos outros — pois chegava até a "testar" a mediunidade dos outros... Suas entidades (afirmava) eram de alta função e iluminação...

"Possui" um "caboclo" que (segundo ele) é assim como uma espécie de chefe de polícia lá no astral... Tem "guias" caboclos, caboclas, bispos, padres, médicos famosos e iluminados do astral... Até o Bezerra de Menezes ele "tem" (pois essa criatura neuroanímica veio do kardecismo e virou "tata de umbanda")...

Foi quando sua vaidade neuroanímica se expandiu tanto, que ele "arranjou" ou se fez "médium" até de um MANU (Manu — no alto ocultismo indiano ou na filosofia oriental vem a ser o mesmo que um Cristo Planetário)... Vejam! É pra rir ou pra chorar?...

E desses está cheio por aí... A turma só quer "receber" Manus, Mestres orientais, caboclos chefes de legiões, médicos famosos etc.

Que é que se pode fazer com essa turma de neuroanímicos? Nada! Apenas orarmos sempre, para que eles deixem de "vender tanta ilusão a si próprios"...

Então, oh! "poderoso irmão", a sua situação em face da lei está malparada, mal-situada. Nessas condições você pode esperar a qualquer instante um "estouro" do baixo-astral no seu terreiro...

Você está "brincando de umbanda" ou *está brincando com a verdade*? A tolerância também tem limite...

Meu irmão em Cristo Jesus: você é um desses tais que ainda fazem "camarinha" com raspagem de cabeça e sangue na dita, para "firmar o orixá" nos "seus filhos-de-santo"? E ainda diz que isso é umbanda de fato?...

Não façam isso assim — dizendo que é de Umbanda... Pode ser de tudo que você queira, menos de Umbanda.

— Meu bom irmão, filho do mesmo Pai, que vem da mesma essência de todos nós, que é ou quer ser umbandista: — vamos cumprir a nossa parte, cooperar com o Cristo Jesus, dentro da Corrente Astral de Umbanda!...

Vamos fazer a caridade, vamos ajudar os nossos semelhantes, vamos promover as condições adequadas para que *os médiuns de fato* possam surgir, possam realmente desenvolver os dons que já *tenham trazido de berço*!

E para isso é preciso que você tenha na devida conta apenas esses simples fatores...

Mediunidade é *coisa espontânea*... Ninguém *bota um dom* na cabeça de ninguém! Quem faz isto são os Mentores Kármicos, antes mesmo do indivíduo encarnar... Isto *é outorga, é concessão* e consta da *ficha kármica* da criatura! *É coisa que vem do alto — não de baixo*!

Então, quando as criaturas que portam esse dom (em qualquer uma de suas modalidades) surgirem em seu terreiro, forneça-lhes as condições adequadas para que possam realmente desabrochar!...

Médiuns precisam de ambientes serenos, precisam de harmonia e sobretudo que esses ambientes se pautem na linha justa da moral!... Para se expandirem verdadeiramente!...

Então, para que essa barulhada de tambores, de palmas e de gritos? É carnaval? É terreiro de Umbanda ou *escola de samba*?

Esse alarido todo é para atordoá-lo? Para confundi-lo? Para estourar a sensibilidade neuromedianímica de seus plexos nervosos?

Você não sabe... Pois fique sabendo agora: com tambores, gritos e palmas, os médiuns acabam se atrofiando completamente! E é por isso que no seu terreiro tem muita gente "vestida de médium", mas *médium mesmo que é bom*, não tem nenhum...

Porque esses irmãos todos que estão aí, cercando você, uniformizados, denominados por você médiuns, estão confiando-lhe as suas questões espirituais, íntimas etc.; assim, é claro que você está assumindo uma tremenda responsabilidade kármica sobre eles! Portanto, cuidado, não os iluda com supostos dons mediúnicos...

E, finalmente, meu irmão: — você tem o direito de ter o seu terreiro, a sua sessão. O que você não tem direito é de alimentar — tornamos a dizer — a ignorância do ingênuo ou do crédulo, em seu benefício...

O que você precisa fazer e com urgência é o seguinte: — promover as suas sessões, com paz, com harmonia espiritual e, sobretudo, com honestidade.

O que você precisa fazer, sempre, é pedir humildemente a Jesus — O Mestre de Justiça do Planeta Terra —, a Sua mercê, através desses caboclos e desses pretos-velhos, que você tanto invoca e que são também seus mensageiros...

E o que você deve fazer já é alertar os que estão cegos pela vaidade e pelo fanatismo destruidor, para que não caiam nos abismos dos fracassos e das quedas-mediúnicas!...

Mostre-lhes certos panoramas do meio, cite exemplos e ajude aconselhando. Cumpra a sua parte!

Diga-lhes que o médium — seja em que corrente for — é uma antena, sujeita às forças positivas e ao choque das negativas!

Olhe, você quer saber em pormenores como é que os médiuns *baqueiam*?

Quer saber quais são as *três vias* que os conduzem às mais desastrosas quedas? Pois então leia na próxima página, e com muita atenção, o que ali se encontra. [2]

---

[2] Já demos em nossa obra *Lições de Umbanda e Quimbanda — na palavra de um preto-velho* algo sobre isso; em *Mistérios e práticas da Lei de Umbanda* fomos mais longe um pouco. Porém, recebemos tantos apelos para que *rasgássemos mais os véus*, pormenorizando mais ainda essa "espinhosa questão" que, agora, vamos ser mais claros e diretos. É preciso, é imperioso.

QUEDAS E FRACASSOS DE MÉDIUNS — CAUSAS PRINCIPAIS: VAIDADE, DINHEIRO (PELO ABUSO DA LEI DE SALVA — REGRAS DA DITA LEI) E SEXO. HORRORES QUE OS ESPERAM NO ASTRAL: PELO QUE "SEMEAREM EMBAIXO, COLHERÃO EM CIMA"... AS ADVERTÊNCIAS DOS GUIAS E PROTETORES. DISCIPLINA — CASTIGO — ABANDONO

Esses são assuntos áridos, sobre os quais todos se recusam a falar ou a escrever e, quando o fazem, é por alto, indiretamente...

Nós vamos abordar essa questão da maneira mais direta possível, pois visamos assim, tão-somente, levar um brado de alerta àqueles que estão predispostos a esses erros e mesmo para os que já *caíram* neles, visto termos a esperança de que nossa sincera advertência ainda possa chegar a tempo do recuo, da *salvação ou da regeneração*...

Ora, é com grande tristeza, bastante desolado mesmo e sem o menor resquício de querer ser melhor do que ninguém (pois que também temos nosso karma bem pesado, por *erros* do pretérito), que vimos, dentro de uma serena e acurada observação, quase que direta, sobre pessoas e casos, testemunhando, constatando, como é grande o número de *médiuns fracassados ou decaídos* e, o que é o pior, sem termos visto ou *sentido* neles o menor desejo de reabilitação sincera, pautada na escoimação real de suas mazelas, de suas vaidades, de suas intransigências etc.

O que temos observado cuidadosamente na maioria desses médiuns fracassados são os *tormentos de remorso*, que, como *chagas de fogo*, queimam-lhes a consciência, sem que eles tenham forças para *se reerguer moralmente*, pois se enterraram tanto no pântano do astral-inferior, se endividaram tanto com os "marginais do astral" que, dentro dessa situação, é difícil mesmo se libertarem de suas garras...

Isso porque o casamento de fluidos entre esses médiuns fracassados e esses "marginais do astral" — os quiumbas — já se deu há tanto tempo, que o divórcio, a libertação se lhes apresenta dentro de tais condições de sofrimento, de tais impactos, ainda acrescidos da renúncia indispensável a uma série de injunções, que o infeliz médium decaído prefere continuar com seus remorsos...

É duro, duríssimo mesmo, se libertar de um *quiumba* que entrou, há muitos anos, na faixa de um aparelho pelas suas antenas mediúnicas em distúrbio e cujo *protetor ou guia* — caboclo ou preto-velho — o tenha abandonado por *causas morais, principalmente* quando o *seu* caso foi *sexo ou dinheiro*...

Mas, situemos desde já, dentre os diversos meios pelos quais os médiuns têm fracassado, os três aspectos principais ou os três pontos-vitais que os precipitam nos abismos de uma queda mediúnica etc. Ei-los:

I — *A vaidade excessiva*, que causa empolgamento e lança o médium nos maiores desatinos, abrindo os seus canais-medianímicos a toda sorte de influências negativas.

II — *A ambição pelo dinheiro fácil*, exaltada pelo interesse que ele identifica nos "filhos-de-fé" em o agradar, em o presentear, para pedir favores, trabalhos, pontos, afirmações etc., que envolvem elementos materiais.

III — *A predisposição sensual incontida*, que lhe obscurece a razão, dada a facilidade que encontra no meio do elemento feminino que gira em torno de si por interesses vários e que comumente se deixa fascinar pelo "cartaz" de médium-chefe, de "chefe-de-terreiro", babá etc.

Como a *coisa* começa a balançar a moral mediúnica desses aparelhos?

O primeiro caso — o da vaidade excessiva: uma criatura, homem ou mulher, tem o dom mediúnico. Naturalmente, o trouxe de berço, isto é, desde que se preparava para encarnar. Em certa altura de sua vida, manifesta-se a sua mediunidade. Eis que surge o *protetor* — caboclo ou preto-velho.

Como no médium de *fato* e da Corrente Astral de Umbanda a entidade também é de *fato*, é claro que ela faz coisas extraordinárias. Cura. Ajuda. Aconselha. Tem conhecimentos irrefutáveis etc.

São tantos os casos positivos do protetor através da mediunidade do médium, que logo se forma em torno dele uma corrente de admiração, e de fanatismo também.

A maioria dos elementos que o cercam, diante das coisas que vêem, são levados a agradar, a bajular, e, com essas coisas, inconscientemente, vão-lhe incentivando a vaidade latente. Isso de forma contínua. A maioria desses médiuns não estudam, porque também não receberam ou não se interessam por uma preparação mediúnica adequada.

O protetor faz o que pode e deve (respeitando o livre-arbítrio), isto é, ensina, doutrina, alerta pelos canais mediúnicos: — na manifestação, nas intuições, nos avisos etc.

Mas acontece sempre que o médium, devido a fortes predisposições à vaidade, começa por não dar muita atenção aos conselhos, às advertências que o seu protetor vem fazendo... Chega a ponto de se julgar o tal, quase um "pequeno-deus". *Ele pensa que a força é dele...* Que o protetor é dele... Que é propriedade sua...

O médium vai crescendo em gestos, em palavras, pois que todos se acostumam a acatá-lo em respeitoso silêncio, quando não por outro movito, pelo medo ou por interesse próprio. Vai crescendo a sua vaidade e logo começa a fazer exibições mediúnicas...

Ele começa a praticar *uma coisa* que será *fatalmente a sua cova*... Passa a "trabalhar" sem estar corretamente mediunizado (ou seja, pede apenas a irradiação do "guia" de sua preferência sobre ele). A sua entidade protetora pode usar certos meios para manifestar o seu desagrado, mas respeita também o seu livre-arbítrio, é claro... Pois até as Hierarquias Superiores respeitam essa faculdade.

Então, começam os desatinos, as bobagens e as confusões e a respectiva falta de penetração nos *casos e coisas*. Começa a criar casos, a ter preferência e outras coisas mais. Não obstante as reiteradas advertências do protetor, ele continua... Eis que surgem os "transtornos". Os seus canais-mediúnicos, dada a faixa-mental que ele criou com os *efeitos de sua excessiva vaidade*, abrem *portas* aos *quiumbas*, que entram na dita faixa...

Daí tem início uma série de absurdos, de envolvimentos negativos etc. O ambiente do terreiro sai da tônica de outrora. Tudo se altera. Nessa altura o médium percebe que o seu protetor mesmo, aquilo que era bom, foi embora... Deixou de sentir a positividade de seus fluidos benéficos...

No princípio ele tem um tremendo abalo... Depois... Ah! Depois, ele vai se acostumando com os fluidos dos quiumbas etc. e mantém a sua excessiva vaidade de qualquer forma... Não quer perder o "cartaz"...

Porém, as curvas, a antiga eficiência, não há mais... Muitos percebem e dão o fora, compreendendo que o "seu Fulano não é mais o mesmo" e alguns até passam a olhá-lo com desprezo... E se afastam ironizando-o, muito embora, no passado, tenham se beneficiado com sua mediunidade.

O pobre médium que fracassou pela excessiva vaidade, no íntimo, é um sofredor. Muitos se desesperam com o viver da arte de representar os caboclos, os pretos-velhos etc. Enfim, ser um "artista do mediunismo" também cansa, porque a descrença é o "golpe de misericórdia" em suas almas.

2° caso — o da ambição pelo dinheiro facil. Aqui é preciso que se note a diferença entre o médium de fato que cai pela ambição desenfreada do vil metal e o "caso" em que se incluem centenas e centenas de espertalhões, esses vândalos que usam o nome da Umbanda e de suas entidades a fim de explorarem a ingenuidade da massa, de todas as maneiras.

Esses são bem reconhecidos... Seus "terreiros" são enfeitados, há muita bebida, os "comes e bebes" são constantes, há muita roupagem vistosa, enfim, esses "terreiros" se caracterizam pelos cocares de penas multicolores, pelos tais capacetes de Ogum, pelas espadas, pelas capas de cores, pelos festejos que fazem sob qualquer pretexto, onde os médiuns exibem tudo isso e mais o pescoço sobrecarregado de colares de louça e vidro como se fossem "condecorações"... Tudo nesses ambientes é movimento, encenação, panorama...

São verdadeiras arapucas, onde tudo é duvidoso. Por ali se paga tudo. Desde uma consulta até um dos tais "despachos", até as famigeradas "camarinhas" com seus obis e orobôs para "firmar o santo na cabeça"... do paspalhão que acredita nisso. Esses antros de exploração, que chafurdam o bom nome da Umbanda na lama da sujeira moral e espiritual, são fáceis de ser reconhecidos. De vez em quando os jornais dão notícias deles...

Mas voltemos ao caso do médium de fato, que fracassou pelo dinheiro...

É sabido que a Corrente Astral de Umbanda manipula constantemente a Magia positiva (chamada de magia-branca), sempre para o bem de seus filhos-de-fé ou para qualquer um necessitado, venha de onde vier...

A magia, dentro de certas necessidades ou casos, requer determinados elementos materiais. São velas, são flores, ervas, plantas, raízes, panos, pembas e até fumo e certas bebidas... *O fato é o seguinte*: — quando há mesmo necessidade disso, a entidade pede e a pessoa TRAZ, ou providencia, satisfazendo a Lei de Salva.*

---

*O que uma entidade pede, independente de seu médium dentro da Lei de Salva, numa operação mágica, é uma coisa. E o uso legal da Lei de Salva por um médium-magista, é outra coisa. Em nossa obra *Umbanda e o Poder da Mediunidade* está esclarecida, de vez, essa questão.

A *coisa* quando é manipulada pelas entidades — os caboclos, os pretos-velhos — costuma sempre dar certo. O resultado é satisfatório...

De sorte que quase *todo mundo* que "gira" pelos terreiros, pelas Tendas, sabe disso. Daí é que entra na observação do médium, a facilidade, a presteza com que as pessoas se dispõem a fazer um "*trabalhinho*" para o seu bem, para abrir ou melhorar seus caminhos etc.

De princípio, ele obedece tão-somente às ordens do seu protetor, quanto a esses aspectos. Depois, através de presentes, de agrados diversos dos beneficiados, ele começa a pensar seriamente na *facilidade* do dinheiro...

Então lança mão de *uma chave*: a questão da *salva*... Em dinheiro para seu anjo-da-guarda, para o cambono etc.

Aí, já começou a imperar nele a ambição pelo ganho fácil, por via desses trabalhos... Então, começa a *exceder* a *regra da salva* (dentro da magia) e sobre a qual ele já foi *bem esclarecido*, porque essa *salva* existe, na Umbanda em relação a Quimbanda. E como é isso? Diremos: o médium recebe ordens para fazer determinado trabalho, reconhecidamente necessário, quer seja para um "desmancho" de baixa-magia, quer seja para um encaminhamento ou desembaraço qualquer de ordem material ou de um proveito qualquer, tudo dentro da *linha justa*, isto é, que jamais implique no prejuízo de alguém... Quer seja uma descarga, um "desmancho" ou proveito qualquer, se for manipulado dentro da movimentação de certas forças mágicas e que impliquem em elementos de oferenda para certas falanges de *elementares*, à pessoa para quem é feito esse trabalho se pede a dita *salva*. Esta *salva* pode constar de certo número de velas ou de azeite para iluminação ou para posterior uso do médium ou de uma compensação financeira relativa, da qual parte deve *ser dada de esmola* pelo dito médium, na intenção de sua *guarda*. Essa é uma lei da magia que existe. Nós não a inventamos, ninguém a inventou. Sobre ela não podemos nos estender em detalhes maiores.

Todavia, devemos esclarecer que *essa lei de compensação* da Magia, para os trabalhos de *cunho nitidamente mágico*, é indispensável. É uma espécie de *fator de equilíbrio entre a ação, a reação e o desgaste relativo ao operador*. [3]

Na Umbanda, já o dissemos, essa lei (ou esse fator) se denomina *Salva* e é tão antiga que podemos identificar seu *emprego* entre os primitivos e verdadeiros Magos e Sacerdotes Egípcios, com a denominação de *Lei de AMSRA*.

Disso também nos falam os Rosacruzes em seus ensina-mentos ou instruções internas (esotéricas).

Agora, compete ao magista, seja ele de que corrente for, *não abusar,* não exceder, não ambicionar, não derivar para o puro lado da *exploração...*

Ora, o *médium-magista* então, ambiciosamente, começa a abusar disso. Começa por se exceder na *Lei de Salva,* pedindo mais dinheiro. Passa a cobrar *grosso* em tudo e por tudo. Inventa "trabalhos" de toda espécie, assim como "desmanchos" e afirmações para isso *e aquilo...*

E os aflitos, os supersticiosos, os impressionáveis, os filhos-de-terreiro dão, e sempre com prazer, visto esperarem sempre uma melhoria ou uma vantagem qualquer por via disso (aliás, a tendência da maioria das pessoas que freqüentam "giras" de umbanda, ou mesmo esses já conhecidos como "corredores de gira", é pagar. Gostam de o fazer...).

Assim, ele, o médium, de tanto fazer trabalhos materializados, sempre por conta própria, mas tudo relacionado com os "Exus"

---

[3] Então repisemos: é claro que estamos fazendo referência aqui aos *médiuns-magistas,* isto é, aqueles que *sabem e podem* movimentar elementos de ligação mágica, para fins adequados... Não estamos incluindo nisso essa "corja" de espertos, de exploradores que interpenetram o citada meio umbandista justamente para fazer *meio de* vida, criando a *indústria de umbanda.* Porque essa "máquina" está montada e é impressionante verificar como funciona.

E a propósito: Aqui cabe a todos os umbandistas dignos (que felizmente existem aos milhares) fazer a seguinte pergunta: que fazem essas tais "uniões, federações, primados, confederações, colegiados e congressos" que *nunca jamais em tempo algum* ousaram levantar suas vozes em defesa da dignidade dessa mesma Umbanda, desses mesmos caboclos e pretos-velhos, desses mesmos "orixás" que dizem representar?

(que é o espantalho para essa maioria de ignorantes, de simples, de ingênuos etc.) e que envolvem materiais grosseiros, acaba *chafurdado* na vibração pesada dos espíritos atrasados, que passam a rondá-lo ou a viver em torno dele, ansiosos por esses tipos de oferendas...

A sua entidade *protetora,* como sempre, já lhe deu vários alertas que ele não levou na devida consideração, pois o *dinheiro* que está entrando é uma beleza...

E nessa situação, o aparelho já está "cego e surdo" a qualquer advertência e o seu caboclo *ou o seu preto-velho*, para ele, já são incomodativos, visto temer que se manifestem mesmo de fato *nele* e levantem toda essa sujeira, desmoralizando-o com o baixo-astral, com quem já está conluiado... Já que o médium tem o sagrado direito de usar o seu livre-arbítrio como bem queira... já o dissemos.

Porém, chega o dia em que esse infeliz aparelho necessita de uma firme proteção para um caso *duro* e apela para a presença do verdadeiro guia... nada... Abalado, dentro de um tremendo choque, aterrado mesmo, ele verifica que os fluidos são de Exu e de outros, bastante esquisitos, e que lhe causam mal-estar, que não tinha percebido antes, claramente. Alguns ainda param, fazem preceitos para o anjo-de-guarda, enfim, "pintam o sete", para ver se o protetor volta... Porém, NADA...

Então, comumente se deixam *enterrar* mais ainda nesses aspectos, porque afinal de contas o *dinheiro* é coisa boa e traz muito consolo para outros aspectos...

Todavia, apesar da fartura do dinheiro fácil, reconhecem, depois de certo tempo, ser este um *dinheiro maldito...* Passam a viver com a consciência pesada, irritados e sempre angustiados. O fim de todos eles tem sido muito triste... Ou surgem doenças insidiosas, ou vícios, para martirizá-los por toda a vida, ou acabam seus dias na miséria material, pois a moral já é uma cruz que carregam desde o princípio de seu fracasso mediúnico...

Agora falemos do 3º caso – a *queda pelo fator sexo.*

Esse é um dos aspectos mais escabrosos, um dos lados mais escusos e um dos mais difíceis de serem perdoados pela entidade protetora...

É um caso que está intimamente ligado ao 1º, ou seja, o da vaidade excessiva. Um se complementa, quase sempre, com o outro. E, às vezes, há a junção dos três aspectos que caracterizam a queda.

Temos, em nossos 45 anos de Umbanda, assistido, constatado, identificado, positivamente, a situação ou as condições de vários médiuns que *caíram* desastrosamente por causa do elemento sexo...

É que esse é um dos fracassos mais duros de serem suportados, não resta a menor dúvida, porque, mais do que nos outros, a MORAL do médium fica na LAMA em que ele se SUJOU. Por mais que eles digam e se desculpem de toda forma, ninguém se esquece, ninguém consegue apagar da lembrança a causa de seu fracasso...

É uma MANCHA que, mesmo que ele tenha se regenerado completamente, mesmo assim, não se apaga...

Já dissemos como é que o médium de fato é logo envolvido pelas criaturas, com admiração, bajulações e fanatismo. Ele sente um constante endeusamento em torno de si e, quase que sem sentir, vai caindo na faixa da vaidade.

Particularmente (convém repetir) se sente muito visado pelo elemento feminino, que tem a propensão para se deixar fascinar pela mediunidade, mormente quando a vê num homem bem apessoado.

Bem, todo médium que trabalha na faixa da luz, no combate a todas as mazelas, especialmente contra o baixo-astral — convém sempre que o lembremos —, é avisado constantemente pelas entidades protetoras de que sua *regra* de todo instante é o *"orai e vigiai"*...

Por quê? Porque o baixo-astral que ele contraria, por força de sua mediunidade positiva, fica na sombra, aguardando uma oportunidade para atacá-lo...

Logo, se ele tem um *ponto fraco* qualquer, nesse caso, uma forte *predisposição sensual,* é que esse mesmo baixo-astral lançará mão de todos os recursos para instigá-lo nessa parte...

Então, como não podem atacar diretamente, costumam fazê-lo indiretamente, lançando sobre ele a tentação do sexo, através de algum elemento feminino que o cerca, e diante do qual, por sua própria natureza, é fraco. Isso no caso do homem-médium. No caso da mulher-médium é a mesma coisa. Essa cai mais depressa. Lançam o elemento masculino sobre elas e pronto... Quase não têm muito trabalho, pois a mulher tem uma *ponte de contato* maior, muito maior do que o homem, para o baixo-astral. É sua natural vaidade que é logo decuplicada... E pronto... É difícil escapar (há exceções, é claro. Estamos nos referindo à causa *comum* do fracasso).

Que não haja dúvidas sobre o seguinte: o médium é alertado, pela sua entidade protetora, de todos os aspectos negativos que o cercam. Tal entidade exerce uma constante vigilância sobre ele e nada acontece a esse médium se ele estiver dentro da moral ou da "linha justa". Contudo, se esse médium, usando de seu livre-arbítrio, dentro de uma incontida *predisposição,* já por ter criado pela vaidade uma série de *condições* negativas, vira as costas à moral e à "linha justa", construiu a *ponte de contato* mental ou *vibratória* para as influências inferiores. Dentro dessas condições, ele está *repelindo* as influências benéficas e protetoras de suas entidades, que se vêem relegadas a um segundo plano...

E é por tudo isso que, nessas questões, nesses casos de *médiuns fracassados* por causa da forte incontinência sexual ou pelo irrefreável sensualismo em torno de mulher ou moça de seu próprio terreiro, *não tem desculpa...* Ou melhor: um ou outro, *excepcionalmente,* dadas certas condições *particularíssimas* de sua vida, pode ser *desculpado,* porém, dentro do *ultimatum* de ser a primeira e a última vez...

Porque, infelizmente, é duro, mas nós vamos dizer: todos os fracassos, todas as *quedas* de médiuns, quer sejam homem ou mulher, têm-se dado, *invariavelmente,* com elementos ou criaturas que estão *dentro* do terreiro ou que fazem parte do corpo mediúnico, isto é, criaturas que estão sob a *responsabilidade* moral e espiritual do médium-chefe...

Não é que estejamos nos arvorando em juiz — longe disso! Quem somos nós para isso...

Estamos nos baseando, tão-somente, na observação fria, *no fato inconteste* de que, quase todos eles – os médiuns decaídos – foram abandonados pelos seus protetores *imediatamente* e esses protetores não mais *voltaram...*

E se *abandonaram* e não mais *voltaram* é porque não *desculparam* o ERRO ou os erros... E é claro que, se esses protetores não mais voltaram a ter ligações mediúnicas com o seu "aparelho", é porque ele NÃO SE REGENEROU, não entrou no sincero arrependimento, indispensável à verdadeira *reintegração moral-mediúnica...*

Assim falamos porque, além da observação direta, além dos esclarecimentos dados sobre o assunto por uma *entidade amiga,* temos acolhido as lágrimas do remorso de inúmeros irmãos que foram, no passado, médiuns de fato e que depois de terem usufruído por muito tempo *de toda uma aparente situação,* acabaram *rolando* pelo caminho da doença, da miséria material e moral...

Assim, queremos reafirmar aqui, em *tintas negras,* para esses irmãos médiuns que estão predispostos ou que PROSTITUÍRAM a sua mediunidade e que CONTINUAM *dentro dessas condições,* isto é, sem terem até o presente procurado o caminho da REGENERAÇÃO, sinceramente, humildemente, que a LEI É DURA e eles não podem nem imaginar o ABISMO DE HORRORES que os espera do *outro lado da vida...*

Esses médiuns *decaídos, fracassados,* que persistem no caminho do erro, quando *desencarnarem,* se verão *face a face* com um cortejo de horrores, blasfêmias, ameaças e clamores de vingança daqueles que eles *envolveram* em suas tramas de erros, interesses mesquinhos, por via de seus *trabalhos,* de suas consultas erradas, de toda má orientação que deram a seus semelhantes, por via da influência inferior que acolheram.

Verá todo aquele baixo-astral, que ele arrebanhou para servi-lo através dos preceitos grosseiros em que ele se transviou, RIR SATANICAMENTE, fazendo valer os seus *direitos de conluio,* isto é, arrebatá-lo para o seu lado...

Verá, quando transpuser o túmulo (se desprender dos laços carnais, pela *morte*) como num panorama tétrico, o desfilar em sua própria consciência de todos os seus desacertos.

A sua imaginação apavorada, exaltada, fará uma revisão tão precisa de seu passado, que tremendos pesadelos astrais o acometerão como hediondos fantasmas que não dominará e nem sequer poderá afastar de sua mente espiritual...

Angustiado, acovardado, se verá presa desse astral inferior e dos irmãos que ele enganou e prejudicou na vida terrena...

Ele será arrebatado — quase sempre é assim — pelo astral inferior por muito tempo, até que a Providência Divina lhe dê uma chance para a libertação...

Agora devemos *reafirmar* duas coisas. 1.ª – Que nem todos os médiuns, *porque são da Corrente de Umbanda,* e que, por força dessa *circunstância*, têm de lidar com os *efeitos* do baixo-astral, tendem fatalmente a ser atacados, a ser envolvidos, enfim, a fracassar... Não! Nos da corrente dita como kardecista, essas situações também acontecem... "aqui como lá, maus fados há"...

Conhecemos também vários *médiuns de fato* que têm a proteção de seu "caboclo, de seu preto-velho" desde o *princípio,* há 15, 20 e mais anos. Nunca se desviaram da *linha-justa* e nunca sofreram nada, a não ser as naturais injunções ou provações de seus próprios karmas...

A 2.ª reafirmação é a seguinte: que no caso de todos os médiuns fracassados, os seus protetores muito lutaram para evitar as suas *quedas;* fizeram o possível e o "impossível". Muitos desses "caboclos, desses pretos-velhos", chegam até a *disciplinar,* a castigar mesmo o aparelho, antes do *abandono final.* Por vezes, jogando-o numa cama, com pertinaz moléstia, por meses e até por um, dois ou mais anos.

Dão-lhes certos *tombos* na vida material. Fazem ficar desempregados, passando necessidades etc. É como se diz na "gira de terreiro"... "Fulano está apanhando que só boi de canga"...

Esses médiuns que estão dentro dessas condições disciplinares ficam revoltados, chegam até a xingar os seus guias, entre outras coisas, e costumam "correr outra gira", para ver "o que é que há com eles".

E lá vão se queixar ao protetor do outro, que naturalmente já sabe do que se trata. É quando o "preto-velho" diz com muita propriedade: "em surra de preto-velho eu não boto a mão"... ou, então, "quando caboclo bate, não reparte pancada"...

Depois de uma séria disciplina, alguns desses médiuns se *emendam,* ficam com medo e não facilitam mais, isto é, começam a *dominar a excessiva vaidade ou voltam à linha-justa* quanto à ambição pelo dinheiro ou às cobranças *desregradas,* ou *sobrepujam* as suas *predisposições* sensuais incontidas...

Porém, a maior parte desses médiuns, mesmo passando por uma disciplina, um duro castigo, mesmo assim, voltam a inclinar-se desastrosamente nas antigas e adormecidas predisposições... Então, "caboclo ou preto-velho" vê que não há mais jeito... Não adiantou o castigo, nem advertência, nem nada...

Assim, é um fato, é uma *verdade* que nenhum desses médiuns fracassados ficou com o seu *protetor,* em sua guarda, depois de terem *errado,* persistindo no erro.

Esses "médiuns" costumam se desculpar, depois, dizendo que caíram vítimas de *demandas* muito fortes etc. Mas, não! Foi "força de pemba" mesmo. Foi a Lei que fez executar sobre eles o "semeia e colhe"...

A "força de pemba" às vezes é tão grande, desce com tanta rapidez sobre o médium que *prostitui* sua mediunidade, que muitos são levados ao suicídio, à embriaguez e a vergonhas maiores...

Você, meu irmão umbandista (ou não) que acaba de ler tudo isso, sabe lá o quão doloroso é, para um médium, depois de ter sido admirado, acatado, respeitado, tido sua fase de glória mediúnica, acabar completamente *desmoralizado,* desprezado, em face de sua moral mediúnica, sua moral doméstica e social que ficou a ZERO?...

Porque, meu irmão umbandista — cremos que você compreendeu bem o caso — não é o *erro em si, porque errar é humano* e afinal todos nós podemos escorregar, de uma forma ou de outra! A questão é cometer o *mesmo erro,* é persistir nos MESMOS ERROS. Caboclo *e preto-velho* não são CARRASCOS, mas não podem acobertar erros nem a sua repetição...

O CASO DOS CHAMADOS "MÉDIUNS CONSCIENTES" NA MECÂNICA DA INCORPORAÇÃO OU TRANSE. CONFUSÃO, DÚVIDAS, SUGESTÃO ANÍMICA, TESTE

Agora que acabamos de tecer algumas considerações sobre certos aspectos da mediunidade na Umbanda (o que é indispensável em todos os nossos livros), vamos entrar em um ângulo especial: vamos elucidar mais uma vez a *questão* do chamado "médium consciente" de *incorporação*...

O denominado *dom consciente* é um dos fatores de maior perturbação, confusão, desacertos e erros... Quer na Corrente de Umbanda, quer na própria corrente kardecista. Nesta é que foi criada tal *qualificação,* geradora das eternas dúvidas...

Mas examinemos o caso de maneira o mais simples possível, porque se impõem mais uma vez novos esclarecimentos... Relembrar verdades.

O que nós na Umbanda qualificamos de *mecânica de incorporação* é o mesmo que o chamado *transe mediúnico* na doutrina kardecista.

No kardecismo, em suas obras básicas, diz-se que o médium quando em transe pode ficar *inconsciente, semi-inconsciente* e *consciente.*

Troquemos isso em miúdos: quando inconsciente no transe, não sabe de nada do que está se passando, quer com o seu corpo físico, quer no ambiente ou com as pessoas etc.

Ele — o médium — está *tomado* completamente, quer no seu psiquismo, quer no seu sistema nervoso, quer nas partes motoras de seu organismo: por isso está inconsciente — caiu em sono profundo... A entidade incorporante dominou tudo e passa a comunicar-se...

No segundo aspecto — o *semi-inconsciente* — o médium, apesar de dominado em suas *partes sensoriais e motoras,* ou seja, se a entidade incorporante consegue dominar o seu corpo físico (inclusive pelo órgão vocal) consegue também envolver ou *frenar* todo o seu sistema nervoso ou neuro-sensorial, e faz uma espécie de ligação ou "casamento fluídico" com o psiquismo do médium em transe. Por conta disso, o médium fica com o seu psiquismo assim como que em *passividade,* deixando que a comunicação da entidade incorporante se processe firmemente (sim, porque na maioria dos casos, mesmo que tente interferir, não tem forças: bem entendido — se é médium de fato e de direito) ou que *possa* fluir através dele, inclusive por sentir que seus órgãos sendo dele — médium — naquela ocasião, *ou no transe, não são mais dele* (temos que usar termos assim, para descrever um fenômeno que somente os que têm mesmo esse dom poderão confirmar que estamos dizendo exatamente o que se passa).

Dá-se com o médium semi-inconsciente uma espécie de *afastamento forçado* de sua vontade, de sua ação ou força de interferir na atuação ou na comunicação da entidade incorporante: — todo ele fica *frenado* durante o citado transe...

Nessa altura – convém repetirmos – o médium semi-inconsciente não tem domínio direto sobre seus órgãos motores, ou seja, em seu corpo físico, nem pode dominar as reações nervosas que por acaso ocorram e, por incrível que pareça, até o seu órgão vocal passa a retransmitir passivamente a palavra (ou a comunicação), impulsionado completamente por outra *inteligência operante,* que tanto pode ser o seu protetor ou guia ou mesmo um espírito qualquer...

Quando o médium semi-inconsciente tem de fato esse dom bem equilibrado ou em estado de bom funcionamento, acontece quase sempre um outro fenômeno curioso com ele: durante a ocasião em que se processou a incorporação, de tudo o que se passou (ou passa com ele ou em torno dele), ou ainda lhe é difícil *reter corretamente* na memória as comunicações faladas ou cantadas (no caso de ser na Umbanda)...

Guarda apenas na memória, por vezes, o sentido ou as *impressões boas* ou *más* causadas por ela — a comunicação — ou pelo próprio espírito incorporante sobre as outras pessoas... Mas isso acontece quando o médium tem de fato e de direito o dom da mecânica de incorporação...

Antes de falarmos do chamado dom da mediunidade ou de "médium consciente", devemos ressaltar mais alguma coisa sobre essas duas modalidades acima descritas.

Na Corrente Astral de Umbanda, de fato e de direito, os Guias e Protetores — nossos caboclos e pretos-velhos — são, sem a menor dúvida, os *primeiros,* verdadeiros *magos, entidades de conhecimentos profundos*, mestres na alta magia, com centenas de reencarnações (muitos já isentos disso) e com lições e experiências em vários setores da vida humana e astral...

Quanto aos *segundos* — os Protetores —, embora estejam abaixo daqueles, são entidades evoluídas, têm conhecimentos seguros sobre várias coisas e principalmente das leis kármicas. Foram grandes rezadores, curandeiros, médicos, advogados em suas sucessivas reencarnações.

Enfim, por menor que seja o grau evolutivo desses espíritos como Guias e Protetores (na Umbanda) sempre estão acima do grau evolutivo de seus eventuais médiuns ou aparelhos...

Assim sendo, dadas suas luzes, seus graus de adiantamento, é raro escolherem um médium da chamada fase de *incorporação inconsciente...*

Porque, esses, são aparelhos "mais brutos", são assim como que "pegados à força" *e* isso não condiz com a natureza vibratória deles...

Esses raros aparelhos *inconscientes* – simples veículos ou "cavalos", estão mais condicionados aos ambientes mediúnicos inferiores, assim como os terreiros de quimbanda, ou seja: a essa mistura humana de "candomblé e umbanda" com seus rituais confusos e espalhafatosos, barulhentos etc.

Então, os nossos Guias e Protetores gostam mais de escolher as criaturas que *portem o dom na* fase *de* semi-inconsciência. É a modalidade mais adequada, mais apropriada à Corrente Astral de Umbanda (com acentuada propensão dos Guias para escolher médiuns de dons mais elevados, como seja, a clarividência, a vidência e principalmente os de sensibilidade psíquica astral extraordinária)...

Porque os médiuns da modalidade acima são mais firmes, adquirem uma grande confiança em seus protetores espirituais, em suma, uma poderosa convicção mediúnica em si e neles, em conseqüência das comunicações, conselhos, trabalhos, efeitos etc. E é justamente por isso, por causa desse ângulo, que muitos acabam fracassando. Mas deixemos isso agora de lado, visto mais para adiante se encontrar um estudo quase que completo sobre o assunto.

E é em relação com o exposto que podemos asseverar que as entidades no grau de GUIAS costumam operar mais através de aparelhos já bastante evoluídos, já com adiantado discernimento, ou seja, já bem conscientes da responsabilidade decorrente de uma missão ou da condição mediúnica. Por isso é que esses são raros...

Quanto às entidades no grau de PROTETORES, seguem mais ou menos as pegadas dos Guias, isto é, também procuram aparelhos em condições as melhores possíveis... E, mesmo assim, quer uns, quer outros, costumam se "transviar"...

Então o que podemos dizer dos aparelhos que são tão-somente simples veículos, geralmente forçados a essa função mediúnica? Não têm e não querem (a maioria — há de haver exceções) nenhum esclarecimento, mesmo porque não estão ainda em condições de um alcance maior ou de um entendimento já acessível à leitura, à doutrina etc.

São esses que comumente "acontecem" nos terreiros de baixa tônica espiritual e que são levados ou "pegados à força" pelos seus protetores ou espíritos afins... E assim sendo, quase todos são da mecânica de incorporação, fase dita como *inconsciente,* pelo menos permanecerão nessa fase até melhorarem em seus evolutivos. Sim, porque há os que melhoram, evoluem também...

Feitas essas considerações, tratemos agora diretamente da decantada e espinhosa questão dos chamados "médiuns conscientes".

Cremos ter ficado bastante claro que o médium cujo dom o situou na mecânica de incorporação ou transe, na fase inconsciente ou semi-inconsciente, é porque, obrigatoriamente, tem que se sentir *atingido,* ou seja, dominado, envolvido, frenado etc., *em três pontos capitais:* nas partes psíquica, sensorial e motora.

Se assim não for, é porque positivamente não é médium de incorporar espíritos; não tem o dom mediúnico na mecânica de incorporação ou transe.

Pois bem. Como admitirmos ser ele *consciente,* isto é, *vendo tudo, sabendo tudo, tão lucidamente a ponto da dizer o que quer e até "torcer"* de moto-próprio e reconhecer que está "incorporado" ou que uma entidade está incorporada nele? (Sim, porque *encosto* já entra noutro aspecto: é coisa que fere, que contunde, que atua, que transtorna, que irrita seu corpo astral, mas não é contato mediúnico, não é dom – é sim *atuação negativa).* É ou não um paradoxo, um absurdo?

Pois se diz – e está provado – que é denominado assim como "médium consciente" porque fica tão lúcido, tão senhor de todos os seus atos "mediúnicos" que, invariavelmente, duvidam de si e dos outros também... Pois se não são nem vibrados, nem ao menos sentem os característicos tremores, sacolejos, os fluidos magnéticos de contato em certas zonas, de pleno conhecimento dos verdadeiros médiuns de incorporação, que identificam até quando é do "caboclo ou preto-velho" etc. pelas ditas zonas neuro-sensoriais do corpo físico, que as entidades logo influenciam quando tomam contato ou fazem "ponto", ao preceder da incorporação propriamente dita...

Pois o que acontece e está acontecendo, confundindo, causando dúvidas cruciais, são três fatores que ninguém quer levar em consideração: a vaidade, o animismo e a mediunidade de irradiação intuitiva — a mais comum de acontecer numa corrente de Umbanda.

No primeiro fator, a criatura quer ser médium de incorporação de qualquer jeito. Tem essa vaidade; quer o "seu caboclo ou o seu preto-velho" também, porque os *outros* os têm. Então "forja" as ditas incorporações e se apresenta mascarado com um ou com outro.

No segundo fator, temos o tão discutido animismo, que é a própria exaltação do espírito da criatura, sugestionado, devido a seus ardentes desejos, a seu misticismo, alimentados pelas ondas vibratórias (de pensamentos) do ambiente e acaba apresentando-se também "como o caboclo Fulano ou Sicrano"...

No terceiro fator, temos justamente o *desvio* "nevrálgico" de criatura médium mesmo. Sendo que, nesse caso, que é o da maioria, a criatura tem a mediunidade de *irradiação intuitiva* e não se conforma com isso. Ele também quer "o seu caboclo" visível, sensível e palpável ou "para todo mundo ver"...

O que acontece então? Ele, que poderia receber as irradiações de uma boa entidade protetora, em seu estado normal, assim como que *telepaticamente* e, pelas intuições projetadas em seu campo mental, ser muito útil, cumprindo a sua parte, termina nem se prestando a isso nem a outras coisas...

Assim, digamos logo de vez: quer nas sessões kardecistas, quer nas de Umbanda, os médiuns que mais dão "mancadas" (desculpem o termo de gíria), embaraçam tudo, confundem tudo e dão mais trabalho são exatamente esses considerados como "médiuns conscientes", porque vivem na tola pretensão de "incorporar" entidades que só existem na sua imaginação...

Uns fazem assim pela pura ignorância dos simples, outros por serem sugestionados pelos seus "chefes-de-terreiro" a isso e ainda outros mais porque, mal orientados desde o princípio, criaram um tal "cascão" de sugestão anímica que, se lhes for provado que *não estão incorporando nada,* ficarão perturbadíssimos, tal o impacto da verdade a que muitos não têm resistido...

Em suma: o denominado médium consciente, ou melhor, o chamado dom de mediunidade consciente, não existe como fazendo parte da mecânica de incorporação ou transe... Essa denominação somente pode se aplicar aos médiuns sim, mas de irradiação intuitiva, que é tão boa e tão útil quanto as demais. Isto é que é o certo. Quanto ao mais, é querer "tapar o sol com uma peneira".

E os que quiserem mais detalhes, procurem ver nossa obra *Lições de Umbanda e Quimbanda na palavra de um preto-velho.*

E ainda como idéia finalíssima: e porque tudo isso assim é, quase todos têm verdadeiro pavor de uma palavra *tabu,* a qual ninguém diz se quer ter *paz* nas sessões (quer de umbanda, quer kardecistas) e mesmo se não quer *espantar* os seus "médiuns"... Esta palavra "tabu" é TESTAR... Ninguém quer ser *testado* em seus "mediunismos"...

O QUE O MÉDIUM UMBANDISTA TEM NECESSARIAMENTE DE OBSERVAR PARA A BOA MANUTENÇÃO DE SUAS CONDIÇÕES MEDIÚNICAS

a) Manter o justo equilíbrio em sua conduta moral, emocional e espiritual...

b) Não fazer uso de bebidas alcoólicas, a não ser em casos excepcionais.

c) Manter-se (segundo suas posses) dentro de racional alimentação, evitando, tanto quanto possível, as carnes em conserva de qualquer espécie.

d) Nos dias de função mediúnica, alimentar-se (caso possa) somente de leite, ovos, frutas, legumes e verduras.

e) Isentar-se do ato sexual de véspera e no dia da sessão.

f) Evitar a convivência de pessoas maldosas, viciosas, intrigantes, faladeiras etc., que possam irradiar negativos sobre sua aura, a fim de que não entre em repulsão, como reação de suas defesas naturais, provocando assim desgastes de energia necessária a outros fins.

g) Usar banhos e defumadores apropriados, sempre que sua sensibilidade medianímica acusar qualquer alteração.

h) Todos os meses, na fase da Lua Nova, usar um composto de vitaminas (em líquido ou drágeas) do complexo B e que seja associado a fósforo orgânico ou vegetal ou mesmo glicerofosfatos, de qualquer laboratório idôneo. Se não puder, use então três colheres de sopa, diárias, de suco de agrião. Isso é importante. O médium despende muita energia nervosa, por via dos fluidos que dá e mesmo pela constante concentração etc.

i) Ter especial cuidado, se o seu terreiro for de tambores, palmas e curimbas violentas, porque isso provoca muita excitação nos plexos nervosos e principalmente na circulação ou no aparelho circulatório. É comum ao médium, depois de *três anos* nessas condições, passar a sofrer do coração ou do dito sistema cardiocirculatório. Ou *aparece pressão baixa ou alta ou dilatação na veia aorta* e às vezes tudo junto. Porque, dentro dessas vibrações altamente excitantes, todo o sistema nervoso do médium se agita em demasia e, em conseqüência, as irradiações, as incorporações, enfim, os fluidos de contato de seus protetores ou de qualquer espécie de espírito que possam atuar sobre ele, agem também nessas condições de excitação... Por isso é que há muitos tremores, quedas, tonturas, muita agitação dos nervos motores; o médium transpira em excesso, ora está com as extremidades e o rosto quentes, ora frios etc. Há que observar isso, se o médium quer se "salvar" desses transtornos...

Obs.: — Então, meu irmão médium? Leu e está meditando no assunto? Você está dentro desse caso? Porque nesse negócio de "receber" caboclos, tremendo, gritando, gingando, pulando, suando, caindo, cansando, é claro que você *assim* não está "recebendo" o seu "caboclo" — você está sim mas é "lutando com ele"... ou com *alguém* que quer passar por ele. O.K.?

UMBANDA E CANDOMBLÉ – MOISÉS E AS PRÁTICAS DA MAGIA AFRICANA. KARDECISMO. A "GRANDE DOUTRINA DOS ESPÍRITOS" ESTÁ NAS "MÃOS" DA CORRENTE ASTRAL DE UMBANDA. PRECONCEITO OU "RACISMO ESPIRÍTICO" KARDECISTA

Temos que situar mais uma vez essa questão, pois persiste a confusão, pelos três lados...

Esse *movimento novo* que se processou sobre os chamados cultos afro-brasileiros que vinham e ainda vêm dentro de uma mixórdia tremenda, através dos espíritos ditos como "caboclos, pretos-velhos e crianças" – espíritos evolutivos, mensageiros de LUZ da seara do Cristo Planetário, é o que é a Umbanda propriamente dita.

As práticas, os ensinamentos diretos da Corrente Astral de Umbanda não têm nada, em sua natureza essencial e verdadeira, de *extraídos* desses ditos cultos afros. Nem a doutrina, nem o sistema filosófico, científico, mágico etc. têm relação direta com os chamados candomblés...

Ora, o candomblé ou o ritual de nação africana puro não cultiva espíritos evolutivos, considerados *eguns* — almas dos mortos ou dos antepassados. São repelidos nesses rituais. Evocam o que eles dizem como "orixás", Voduns etc., que são entidades que nunca passaram pela vida terrena e que são altamente situadas nas Hierarquias Superiores e é, portanto, *inadmissível que possam* "baixar" ou mesmo influir sobre médiuns ou pretensos médiuns que se movimentam debaixo de práticas barulhentas, a par com matanças de animais, sangue etc.

Na Umbanda, onde nossos caboclos e pretos-velhos *militam* — esses mesmos que por lá pelos candomblés têm que ser, forçosamente, repelidos, visto serem *eguns* — não se admite gritaria, tambores barulhentos à moda de carnaval e, muito menos, matança de animais, sangue etc., em oferendas para "orixás" e sobretudo como ato obrigatório nas camarinhas, ou seja, como ritual sagrado do iniciado ou, como por lá dizem, de "iaô"... Agora, o que os humanos seres estão praticando como umbanda ou como candomblé – isso é lá por conta deles. Podem fazer o que bem quiserem ou entenderem, dizendo até que foi Deus quem mandou...

Desconfiamos que essa turma de espíritos encarnados que ainda estão aferrados aos citados candomblés foram ou pertenceram à turma de Moisés, pois já se vão mais de *quatro milênios* e eles ainda não se despregaram dessas coisas...

E por isso que um "famoso babalaô" certa ocasião, em conversa, nos disse: "— eu não estou errado; sigo até a Bíblia de Moisés e como você sabe (referindo-se a nossa pessoa) ele era um grande sacerdote e mago, até Deus falava com ele. Pois ali, no Velho Testamento, se ensina como sagrar sacerdotes e eu sigo a coisa como ela é...". Fiquei quieto, porque li, em ÊXODO; XXIX, essa referência ou *ensinamento direto* para sagrar sacerdotes:

> "Farás aproximar também o novilho diante do tabernáculo do testemunho e Arão e seus filhos imporão as mãos sobre a sua cabeça, e tu o degolarás na presença do Senhor, junto da porta do tabernáculo do testemunho. E tendo tomado do sangue do novilho, o porás com o teu dedo sobre as pontas do altar, e o resto do sangue derramá-lo-ás ao pé dele. Tomarás também toda a gordura que cobre as entranhas, e o redenho do fígado, e os dois rins, e a gordura que está por cima deles, e oferecerás (tudo isto) queimando-os sobre o altar; mas as carnes do novi-

lho e o seu couro, e os excrementos, queimá-los-ás fora do acampamento, por ser (uma hóstia) pelo pecado"... (Versículos 10 a 14)

VEJAM! Que podemos dizer a eles, "esses pais-de-santo mais sabidos"? Isso: deixem esses aspectos superados do chamado Velho Testamento e enveredem pelo que há de bom, pela parte moral do Novo Testamento, que é para poderem reencontrar "A Grande Doutrina dos Espíritos", que a Corrente Astral de Umbanda preconiza!

E não confundam! Nós não estamos apreciando, direta-mente, a personalidade religiosa e mágica de Moisés, não obstante termos nos valido dele ou das coisas que praticava, duas vezes, nessa obra, a fim de confrontar. Apenas ressaltamos certos ângulos que religiosos, sacerdotes, pastores e outros não querem ou têm pavor de ver e muito menos comentar de jeito nenhum, pois... incomodam, e se eles pudessem, apagariam do Velho Testamento e quiçá do Novo também...

Mas, voltemos ao candomblé ou aos rituais de nação africana...

Candomblé, conforme vem sendo praticado no Brasil há mais de quatro séculos, é um sistema de práticas já superadas, em face da evolução dos tempos que correm.

Nós estamos no fim de um ciclo em que, forçosamente, as luzes da verdade terão que brilhar...

Porém, reconhecemos que temos de ajudar nossos irmãos remanescentes de antigos sistemas e que ainda permanecem aferrados a eles, por sucessivas encarnações.

Trabalho impressionante, majestoso, titânico, esse da Corrente Astral de Umbanda, quando iniciou sobre ou por dentro dos citados cultos afro-brasileiros esse *movimento novo* de doutrina, luz e escoimação...

Têm que surgir os encarnados escolhidos, para ajudá-los por *baixo,* nesse edificante movimento que os nossos "caboclos e pretos-velhos" iniciaram do astral...

Não só apenas nós fomos escolhidos para isso!...

Agora — mais uma palavrinha aos nossos bons irmãos (em Jesus) kardecistas!

A Umbanda — prezados irmãos — não é o A, B, C do kardecismo! Não faz parte e nem é ao menos "Província" dele, segundo conceito atribuído a Emmanuel, por intermédio do Chico Xavier – esse exemplo de humildade, esse espelho onde os que se dizem espíritas deviam se mirar...

Saibam que a verdadeira e eterna doutrina dos espíritos não é *apenas* essa doutrina limitada, cerceada, que um *grupo* de espíritos revelou e o Sr. Allan Kardec popularizou pela chamada *codificação* – segundo o entendimento e as necessidades daquela época, há mais de um século e, por isso mesmo, é que ficou denominada como Kardecismo.

A Doutrina Kardecista pode ser e é *pequena parte* da Doutrina dos Espíritos, *parte primária* e necessária, porque é um "galho da frondosa árvore da verdade".

Porém convenhamos que os ensinamentos via Kardec precisam com urgência de extensos reparos ou nova *transfusão* de idéias...

Porque – convém repetirmos mais uma vez – quem está agora, no Brasil, com a missão de repropagar "A Grande Doutrina dos Espíritas", é a Corrente Astral de Umbanda!

Porque vocês, irmãos kardecistas, em maioria, ficaram aferrados a essa parte primária da "Grande Doutrina dos Espíritos" que entenderam por bem propagar através de Kardec... Mas será preciso lembrar-lhes de que em todas as partes do mundo já surgiram os precursores da "Grande Doutrina dos Espíritos" com novas obras, novos esclarecimentos e novas interpretações, revelações etc., sobre todos os aspectos: — metafísico, científico, mágico, religioso, astral, social etc.?

E para não irmos muito longe, fiquemos aqui no Brasil mesmo, com as obras de André Luís, Emmanuel, Irmão X etc., psicografadas pelo Sr. Francisco Cândido Xavier...

Ora, é só lê-las com atenção que se vê, embora com os *véus do cuidado literário ou do ajustamento à linha doutrinária* da Federação Espírita Brasileira, muito, muito mesmo da verdadeira Umbanda de nossos caboclos e pretos-velhos!

Convém ainda lembrar que, no passado, essas obras de André Luís e outros foram combatidas ferozmente pela maior parte da corrente genuinamente kardecista, que até chegou a considerar e propalar ser o Chico Xavier um perturbado, obcecado etc., para, posteriormente, serem consideradas já como os clássicos do kardecismo "moderno"...

Irmãos kardecistas: não queiram confundir *aquilo* que as "humanas criaturas" praticam como "umbanda", com a Umbanda de fato e de direito de nossas entidades militantes!

Irmãos kardecistas: não vamos definir mais uma vez as diferenças, para mais e para menos, que existem nos sistemas kardecistas e umbandistas. Nesse livro já consta uma série de confrontos entre o ser médium kardecista e umbandista, que aclara bem a questão.

Apenas vamos relembrar para vocês que na verdadeira Umbanda não há preconceitos de espécie alguma; temos geralmente o correto sentido da caridade e da fraternidade!

Nós não "inchamos o peito" para nos qualificarmos de espíritas, ao mesmo tempo em que repudiamos os espíritos desencarnados que não se apresentarem com "cor definida ou afim"... Compreenderam? Não? Pois, vá lá!

Porque vocês, kardecistas (há honrosas exceções, é claro), em seus Centros, em suas sessões, têm pavor dos "espíritos de negros" (desencarnados, é claro) — no caso, nossos pretos-velhos e dos de índios, no caso, nossos chamados caboclos? Isso é preconceito ou "racismo espirítico"?...

Porque já assistimos, e são fatos muito comentados no meio umbandista mais culto, a casos em que, nas sessões de mesa kardecistas, por força de certas circunstâncias, aconteceu "baixar" preto-velho e caboclo. Santo Deus! Que inquisição!

O presidente ou o ilustrado doutrinador, fisionomia severa, cenho carregado, oratória querendo "pular" pela garganta fora, em tom inquisitorial, interrogava: — Quem és? De onde vens? Que queres aqui? Fala – Aqui não é lugar para *isso*!

Quer dizer: o subconsciente traindo-se, como quem acusa, "isso aqui não é terreiro"... *é casa de branco!*

Irmãos: vocês são espíritas cristãos, fraternistas ou racistas espíritas?

É isso que Kardec ensinou em suas obras? É isso que estão aprendendo nas obras do Chico Xavier?

PROTETORES E MÉDIUNS – "CASAMENTO FLUÍDICO" ETC. DIFERENÇA VIBRATÓRIA ENTRE OS MÉDIUNS FEITOS OU MANIPULADOS NORMALMENTE PELO ASTRAL PARA A FUNÇÃO MEDIÚNICA NA FAIXA KARDECISTA E OS MÉDIUNS ESPECIALMENTE MANIPULADOS PARA A CORRENTE OU FAIXA UMBANDISTA

O "casamento fluídico" de uma entidade espiritual protetora sobre o médium é um *processo de base* que, geralmente, leva anos para se consolidar em ação ou função mediúnica positiva, eficiente...

É um fato ser um processo, ou melhor, uma operação de base, porque, não somente vem *de berço,* isto é, vem como uma *condição nata* conferida à criatura, bem como, na maior parte das vezes, antes mesmo do espírito encarnar, quando ainda no plano astral aceitou ou foi posto a par dessa condição mediúnica, como um *acréscimo* que seu reajustamento kármico exige ou indica lhes ser de grande conveniência...

Ora, é preciso que se compreenda que, se *apenas* os simples laços da simpatia entre humanos *dependem de sutis vibrações afins* ou de certos fatores de entrelaçamento eletromagnéticos, portadores de profundas reminiscências ou de impressões armazenadas na alma, geralmente de passadas encarnações, como é que um *entrelaçamento fluídico mediúnico,* que é coisa seríssima, poderia se processar assim, de repente, por "dá cá aquela palha"?...

Expliquemos: — Não é um processo simples, comum, *isso* de uma inteligência operante e independente — no caso de um guia ou protetor, um ser desencarnado — poder agir sobre as condições físicas, sensoriais e psíquicas de outra inteligência operante encarnada, ou seja, um médium...

Isso tem forçosamente que se processar através de uma *constante manipulação energética entre* as *partes* – protetor e médium – por anos, e às vezes sem o sucesso planejado no plano astral...

Essa manipulação, invariavelmente (salvo situações especiais) começa desde quando o ser desencarnado se prepara ou *é preparado* para a reencarnação...

Técnicos do astral nesse mister procedem às sutis adaptações das "cargas energéticas" especiais de *acréscimo* nos centros vibratórios, (chakras, centros anímicos, ou *núcleos vibratórios* como são denominados na Umbanda esotérica) do ser que vai reencarnar com esse *dom mediúnico,* a par com a *natureza vibratória* da entidade protetora ou do espírito que foi encarregado de ser o responsável direto pela dita manifestação da mediunidade nessa criatura-médium...

Essa entidade ou esse espírito protetor *não é escolhido por acaso. G*eralmente tem ligação no astral com o futuro médium ou teve ligações consangüíneas de encarnações passadas, tudo isso promovendo reajustamento kármico ou, ainda, pode ser um seu mentor de Agrupamento Iniciático ou de Escolas do Astral, no caso do futuro médium não ser de mediunidade em *karma probatório* e sim, de karma evolutivo ou missionário.

Portanto, sem querermos levantar nesta obra tese mais ampla sobre o assunto, é bastante adiantarmos mais que, pelo ato de encarnar ou de ir ocupar um corpo físico, já por isso o espírito sofre uma série de injunções próprias à nova natureza das coisas em que caiu...

Daí ele obscurece, esquece tudo e então é que entra em cena o seu protetor ou o responsável mediúnico, a fim de proceder às competentes, imprescindíveis e restantes adaptações energéticas sobre todo o sistema nervoso ou neuro-sensoriais do médium, visto já terem sido feitas as primeiras adaptações no seu corpo astral quando ainda desencarnado e *faltar* as outras, sobre o dito corpo físico, para que possa acontecer (entre as partes) o verdadeiro "casamento fluídico"... Levando-se em conta o indiscutível fator de ser mesmo através desse corpo físico que a mediunidade propriamente dita tem seqüência para o exterior humano ou para comprovação e utilidade das outras criaturas...

Então... Como é que se vêem por aí médiuns, ou criaturas ditas como tais, "receberem" os Guias e Protetores de outros médiuns que "morreram" ou desencarnaram até de pouco tempo, para se envaidecerem deles ou disso?...

Então... Como é que se vêem por aí médiuns ou pretensos médiuns "receberem" a entidade protetora de seu antigo médium-chefe, pai-de-santo ou babalaô, assim como uma espécie de "tradição de terreiro", para ficarem com "o reino nas mãos"?

Então... Como é que se vêem por aí médiuns ou pretensos médiuns receberem os guias e protetores próprios de outros médiuns, *ainda vivos,* só porque saíram do terreiro deles, supondo que aqueles não os tenham mais em suas guardas, e dessa encenação fazer motivo de descrédito para os mesmos?

Já o dissemos uma vez: tolerar a ignorância dos simples de espírito é possível, mas tolerar a ignorância do vaidoso "salafra", é impossível. Só "força de pemba" mesmo é que pode consertá-los.

E ainda em relação com o exposto, vamos proceder a certo confronto sobre a natureza vibratória dos médiuns puramente adaptados no astral para a função mediúnica na corrente kardecista e os adaptados, nesse mesmo astral, para a corrente umbandista...

Entre um e outro há uma diferença vibratória mediúnica considerável. Senão, vejamos.

O médium kardecista (ou qualquer outro, de qualquer setor, que não seja de Umbanda) dentro da lei de afinidade, de ação e reação mediúnica, foi adaptado tão-somente para ser um veículo dos espíritos daquela *faixa,* isto é, com um plano de ação funcional *circunscrito ao sistema empregado por essa corrente,* o qual é limitado, ou seja: ali não há Magia ou forças mágicas específicas postas em ação; ali não há cabalismo ou o uso de sinais riscados; ali não há ação mágica entre forças visíveis e invisíveis, por via de oferendas, preceitos, trabalhos etc. ali não há obrigações ou responsabilidades em relação com sítios de reajustamentos vibratórios, assim como mar, praia, cachoeira, mata, rio, bosque, campos, encruzilhadas etc.; ali não se joga com as forças em relação com a influência dos astros ou astrologia esotérica; enfim ali não há preceitos, "amacys" especiais, batismos de lei, sobre médiuns ou pessoas iniciandas; ali não se cuida de talismã, oração cabalística, preparo e "desmancho" de certos trabalhos oriundos da baixa-magia; ali não se dá seqüência a pedidos ou benefícios de ordem humana ou material, por via da ação específica de forças ou de elementos adrede preparados; não há rituais ou liturgia em função de sistemas particulares ou gerais...

Portanto, a condição de ser médium da faixa kardecista não exigiu dessa criatura uma adaptação ou uma manipulação *toda especial de acréscimo energético* desde "lá de cima, até cá embaixo"...

Ele — o médium kardecista — não foi especialmente manipulado para *receber caboclos, pretos-velhos etc.,* entidades fortes, magos afeitos às lides da Magia e dos quais não é um vínculo afim, e nem vai também, por força de sua condição vibratória mediúnica, lidar com Exus, demandas ou forças contundentes originárias do astral-inferior e um sem-número de coisas mais que é desnecessário citar aqui...

Então, fica patente que a adaptação que recebeu foi para funcionar como simples veículo, dentro de condições que podemos dizer assim como de "normalidade funcional mediúnica"...

Não é que os genuínos médiuns umbandistas tenham essa função "anormal"; compreenda-se, estamos usando termos comparativos ou acessíveis à maioria dos entendimentos, porque, já o dissemos, esses *receberam ou recebem* como *acréscimo energético* uma manipulação especial, adequada às funções ou ao meio em que vai atuar ou exercer a mediunidade...

Assim, não tem cabimento essa doutrina de se dizer que o médium tanto *é lá como* cá... Isso é erro ou ignorância... Não devem fazer isso, podem "estourar" o médium que é daquele campo vibratório (kardecista), a não ser que esteja por lá por engano ou por não ter achado ainda seu caminho certo. Agora, qualquer verdadeiro médium da corrente de Umbanda pode funcionar nas sessões kardecistas, sem o menor abalo vibratório, porque a sua adaptação energética, sendo de *acréscimo,* supera tudo que por ali possa acontecer...

Mas, se duvidam, tirem um genuíno médium kardecista de suas sessões de mesa e o coloquem nas sessões de terreiro, debaixo de pontos cantados, defumadores etc., para ver o que lhe pode acontecer!

O QUE É MAGIA...
AS FORÇAS DA MAGIA BRANCA,
AS FORÇAS DA MAGIA NEGRA.
A NECESSIDADE DE AUTODEFESA.
O ATAQUE INFERNAL DOS MAGOS
NEGROS DAS TREVAS

Temos lido muitos tratados de Magia e verificamos — como todos — que no fundo quase nada ensinam de diretamente prático. Todos são confusos, pautando-se mais na *linha teórica,* cada qual procurando definir Magia de várias formas e jamais o fazendo com a clareza suficiente...

De sorte que essa questão de magia se equipara ao que também pretendem definir como elementares ditos também como "espíritos da natureza" etc. O fato é que essas duas questões são o que há de mais confuso mesmo na literatura esotérica ou do chamado ocultismo.

Não pretendemos entrar aqui com uma série de citações de famosos autores. Seria um desnecessário desfile de impressões. Apenas vamos nos servir de um dos mais conceituados nesse mister, para demonstrar que foi, talvez, o único que mais se aproximou da realidade ou que mais entendimento alcançou sobre o caso.

Diz Papus, em seu *Tratado Elementar de Magia Prática* que: "Para ser mágico não é bastante saber teoricamente, não é suficiente ter manuseado este ou aquele tratado; é mister desenvolver um esforço próprio, pois que é dirigindo freqüentemente cavalos cada vez mais fogosos que um cocheiro pode tornar-se perito no ofício".

E prossegue: "O que distingue a Magia da ciência oculta em geral é que a primeira é uma *ciência prática,* ao passo que a segunda é principalmente teórica (...)".

"A Magia, sendo uma ciência *prática,* requer conhecimentos teóricos preliminares, como todas as ciências práticas. Entretanto pode-se ser mecânico depois de se ter passado pela Escola de Artes e Ofícios (engenheiro-mecânico), ou mecânico depois de simples aprendizagem (operário-mecânico). Há mesmo em certos lugarejos *operários* em magia que produzem alguns fenômenos curiosos e realizam curas, porque eles *aprenderam* a fazê-las vendo como eram feitas por quem lhes ensinou. São chamados geralmente de 'feiticeiros' e, com franqueza, são injustamente temidos"...

Então, diz logo a seguir que, sendo a Magia prática, é uma ciência de aplicação e que um dos elementos básicos a ser usado pelo operador deve ser em primeiro lugar a sua *vontade;* ela é que é o princípio diretor, o cocheiro que conduz todo o sistema. E logo interroga: "Mas em que vai *ser* aplicada essa *vontade?* Sobre a matéria, nunca".

E deixa bem claro que essa vontade deve ser dirigida sobre o *plano astral através de um intermediário:* "o qual por sua vez vai reagir sobre a matéria".

E continua adiantando mais o seguinte: "antigamente podia-se definir a Magia como a aplicação da vontade às forças da natureza". Hoje, porém, essa definição é muito vaga e não corresponde à idéia que um ocultista deve fazer da Magia Prática.

"E é fora de dúvidas que são forças da natureza que o operador põe em ação sob o influxo de sua vontade. Porém, que forças são essas?"

E para não nos estendermos mais com o pensamento de Papus, citemos como final a *sua definição* de magia: — "A Magia é a aplicação da vontade humana, dinamizada, à evolução rápida das forças vivas da natureza".

Então fica bastante claro que há magia, há o magista (ou operador), há um princípio que pode movimentá-la e essa é a vontade (ou o pensamento) e que esse precisa de um *intermediário* para agir sobre as citadas "forças da natureza"...

Agora, entremos nós, de forma simples e direta, com o nosso conceito interno sobre o caso em foco...

A Magia não tem como base (como pregam certos ocultistas) a força dos astros ou a chamada astrologia esotérica. A Magia é em realidade uma ação poderosa do fluido-matriz que se infiltra em tudo, através dos tatwas ou linhas de força, esses mesmos que dão formação aos citados planetas ou astros. Para sermos mais claros, a Magia é precisamente esse fluido-matriz magnético, que promove a ação dessas outras forças tidas como de atração, repulsão e coesão. Portanto, está, quer na natureza íntima de um simples átomo, quer na natureza complexa de um grande corpo celeste...

Assim, a Magia é a única *força básica* de que o espírito se serve para imantar, atrair, fixar sobre si mesmo os elementos própri-os da "natura naturandis", assim como as infinitesimais partículas da energia universal, que, por via da ação (desconhecida) mágica des-se fluido-matriz magnético, se transformam em átomos físicos pro-priamente ditos... É ainda em conseqüência dessa *imantação* que o espírito procede sobre si (na maioria dos casos auxiliados pelos chamados *técnicos siderais),* que surgem os ditos como corpo mental, corpo astral e daí as condições para o próprio corpo físico ou humano...

Esse fluido-matriz magnético – essa magia – o espírito sem-pre o teve como próprio de sua natureza vibratória, como uma mercê conferida pelo Poder Supremo, desde o momento em que ele desejou a VIA KÁRMICA que depende de energia ou de ma-téria...

Todavia, se essa força age com ele e sobre ele, porque é a pró-pria razão de ser de seus "núcleos vibratórios ou chakras", ele não sabe disso, ou melhor, não tem consciência dela, não tem domínio sobre ela, enquanto *não aprender a conhecê-la e a usá-la.*

Então, quando dizemos que o espírito não tem consciência nem domínio direto sobre ela, queremos que se subentenda que quase a totalidade dos espíritos encarnados e mesmo os desencarnados a desconhecem completamente. Até a ciência oficial da terra não a conhece, assim como também não conhece a natureza da eletricidade propriamente dita.

Porém, as poucas criaturas que tiveram um vislumbre desse fluido mágico, dessa magia, e alcançaram alguns conhecimentos sobre ela, chegando até ao meio de aplicar alguns de seus movimentos, fizeram disso "chaves" de altos segredos...

Essas criaturas foram iniciadas, chamados depois de Magos — porque deram um nome a esse fluido mágico e este foi o de Magia...

Então, para rematarmos essa série de considerações, digamos ainda o seguinte: é ainda usando a força desse fluido magnético mágico que os Construtores Siderais "criam" os corpos celestes, assim como também podem promover a desagregação deles...

E é devido ao conhecimento que alguns raros magistas os mentalistas tiveram sobre a existência desse tão citado fluido-matriz, que criaram a *teoria* da magia mental. Entretanto, não disseram claramente que, para haver o que chamam de "Magia Mental, *é preciso que a vontade ou o pensamento dinamizado por ela* se ligue a algo, ou atraia algo e se projete, irmanado a esse algo, que já devem ter percebido se o fluido magnético mágico, que, por força dessa junção, dessa projeção, adquire o aspecto de uma operação ou de uma ação mágica ou de Magia Mental...

Mas como essa forma de operar com a *magia mental é* privilégio *apenas* de magistas do Astral Superior (já na categoria de Magos) de fato e isso é aquisição milenar, dependeu de muito estudo, de *iniciação de verdade,* nós vamos situar através deste livrinho alguns dos movimentos ou das operações mágicas da Corrente Astral de Umbanda, nos quais *entram em jogo* os dois aspectos acima citados, porém, *apoiados* num terceiro elemento, ou seja, com as coisas mais adequadas às nossas atuais condições mentais, morais, kármicas etc.

Então fixemos a *nossa regra:* para toda operação mágica, é necessário que *haja ritual,* é necessário que haja elementos materiais de ligação, fixação e projeção... Em coordenação com vontade, pensamento e fluido mágico.

Podemos nos firmar no conceito de F. Ch. Barlet, quando ensina:

> "A Magia cerimonial é uma operação pela qual o homem procura obrigar, pelo próprio jogo das forças naturais, as potências invisíveis, de diversas ordens (sim, porque na Umbanda toda operação mágica está implicitamente ligada a potências espirituais ou a seres espirituais de várias categorias), a agir de acordo com o que pretende obter das mesmas.

> Para esse fim, ele as capta, as surpreende, por assim dizer, projetando, por efeito das correspondências que a Unidade de Criação deixa imaginar, forças de que ele mesmo não é senhor, mas as quais podem abrir sendas extraordinárias. Daí esses símbolos mágicos, essas substâncias especiais, essas condições rigorosas de tempo e de lugar que se torna precioso observar, sob pena de correr graves perigos, pois se houver alguma falha, ainda que ínfima, no modo de dirigir a experiência, o audacioso estará exposto à ação de potências em comparação com as quais não passa de um grão de areia.

> A Magia Cerimonial é absolutamente idêntica a nossa ciência oficial. Nosso poder é quase nulo comparado ao do vapor, ao da eletricidade, da dinamite; no entanto, por combinações adequadas, por forças naturais de igual poder, armazenamos essas potências, constrangemo-las a transportar ou estraçalhar massas que nos aniquilariam, a reduzir a alguns minutos de tempo distâncias que levaríamos vários anos a percorrer, enfim, a prestar mil serviços"...

Resumindo: tudo que se possa entender como Magia se enquadra na Magia Cerimonial. Não há magia ou força mágica *em ação, sem Ritual...*

Assim é que todos os pesquisadores dos assuntos esotéricos admitem que a Magia foi e é a ciência-mãe...

Dela extraíram todas as ciências subseqüentes, ou melhor, ela foi a base, o ponto de partida.

Na Magia foram buscar os mantras, as orações cabalísticas de defesa e mesmo de ataque aos maus gênios, aos espíritos satânicos, também as fórmulas de prece etc., para doutrinar os espíritos dos mortos perturbados e perturbadores; e ainda as *rezas* misteriosas que ainda hoje em dia existem e são empregadas pelos curandeiros, rezadores, benzedeiras etc., aliadas à terapêutica ou ao uso das ervas (ah! Moisés, Moisés!) na cura de mordidas de cobra, bicheiras, enfim, a uma série de males do corpo humano (como o chamado "ventre-virado ou emborcado", que a medicina denomina gastrenterite aguda e geralmente não cura, pois esses males têm um prazo de 9 dias de ataque agudo, findos os quais é fatal, se não rezar), assim como as doenças chamadas de "sete-couros, fogo-selvagem" etc.), bem como as que partem do corpo astral: quebranto, ou mau-olhado, encosto etc.

Enfim, tudo veio da Magia e é magia...

Dentro do que há de mais aproximado sobre magia, os magistas admitem uma subdivisão que nós também adotamos na Umbanda. Ela situa certos aspectos ou partes de uma maneira simples e que orienta bastante. Ei-la:

a) Magia Natural, quando trata da produção de fenômenos surpreendentes e aparentemente prodigiosos, servindo-se de atos e meios puramente naturais;

b) Magia Cerimonial, quando se ocupa das *cerimônias* e operações pertencentes às obras de invocações, evocações, conjuros e outros meios de apelo ao invisível e comunicações, com ele; [4]

c) Magia Talismânica é aquela que trata da preparação de talismãs, amuletos e outras preparações análogas;

d) Magia Cabalística é aquela que, partindo do conhecimento geral da Kabala (sim, mas da Kabala Nórdica ou Ária, que é a verdadeira, somente ensinada pelos nossos Guias e Pro-

---

[4] Essa parte é praticada quer na Umbanda, com amplitude, quer no Kardecismo, em parte.

tetores da Corrente Astral de Umbanda, pois não aceitamos *in totum* essa Kabala Hebraica, falsificada e "empurrada" pelos judeus há séculos e da qual o ocultismo ocidental está cheio).

Finalmente: pelo exposto, podemos chegar à conclusão, clara e direta, de que MAGIA é uma só *realidade* que está por *dentro de tudo* e assim sendo é, essencialmente, a força-matriz que *anima* de moto-próprio a natureza íntima de todos os elementos em ação ou vibração; é, empregando um sentido oculto, a "alma viva das coisas"...

Então fica patente que a ação da Magia se processa naturalmente, conforme acima está dito, e extraordinariamente quando *usada, atraída ou imantada* pela inteligência operante, isto é, *vontade, pensamentos, desejos,* através de certos elementos ou coisas...

Portanto, temos, no mais simples dos conceitos: se um *operador* ligar a força de sua vontade, de seus pensamentos, de seus desejos a certos elementos *materiais inferiores* (carnes, sangue, bebidas alcoólicas fortes, bruxas de pano, farofas em temperos excitantes, alfinetes, barro, panos de cor preta e outras coisas mais) e movimentar tudo isso dentro de rituais e invocações afins, acontecerá *uma ação mágica de ordem grosseira* que, de qualquer forma, *surtirá efeitos,* tudo de conformidade com os conhecimentos do operador e o *meio* onde essa operação for processada, que, ou será difusa, confusa, desordenada, e assim sendo *retornará* ao seu ponto de partida e recairá no dito operador, ou terá uma ação direta, mesmo nesse plano, e as forças coordenadas seguirão ou se projetarão para o *objetivo* visado...

Isso assim, conforme está dito, chama-se MAGIA NEGRA...

E o contrário disso — nem precisamos descrever mais — chama-se MAGIA BRANCA; é, em síntese, a coordenação de forças mágicas numa ação positiva para fins positivos etc.

Assim é que certas regiões do astral mais ligadas à crosta terrestre, e mesmo cavernas ou vales sombrios, estão infestadas de "moradores"...

Esses são os *magos negros das trevas...* De lá, desses ambientes, ficam à espreita de todas as oportunidades para saírem como *enxames,* a fim de promover, alimentar, acoitar toda *ação baixa,* ligada a "trabalhos" de ordem mágica inferior...

Esses infelizes "quimbandeiros" ou mesmo esses pobres ignorantes que se prestam a promover esses tais "despachos ou ebós" (oferendas), inclusive essas tais de "camarinhas" com matança de animais, sangue etc., estão — coitados! — presos nas "garras" desses citados magos negros das trevas.

São entidades astrais tão satânicas, de inteligência tão aguçada para o mal, que não recuam diante de nada.

E se dissermos que a "polícia de choque" do baixo astral (nossos Exus de Lei) e certos "esquadrões de socorro" existentes nesse mesmo astral promovem contra eles verdadeiras "blitz" de envolvimento, frenação, fiscalização e combates, até com "armas fluídicas apropriadas", muitos leitores ficarão assim como que "matutando" sobre nossa afirmação...

Eis, portanto, a necessidade que tem o magista-positivo, isto é, aquele que usa as forças da Magia Branca para socorrer os seus semelhantes, de conhecer meios, defesas etc., a fim de estar sempre prevenido contra o infernal ataque desses magos negros do astral ou das trevas, porque são os mais *visados* por eles, visto serem um constante *estorvo* a suas ações nefandas sobre os encarnados socorridos...

A OPERAÇÃO MÁGICA PARA IMANTAÇÃO OU ASSENTAMENTO DE UM "CONGÁ" (SANTUÁRIO) E CRUZAMENTO DE TERREIRO
(Tenda, Centro ou Cabana da Corrente Astral de Umbanda)

Todo médium umbandista que, chefiando ou na direção de um agrupamento qualquer, tenha recebido *"ordens e direitos de trabalho"* e se disponha a abrir seu terreiro, isto é, fundar uma Tenda, obediente aos imperativos de certas regras, dentro de certos fundamentos... enfim, deve compreender que não se "assenta" um "congá", não se forma uma *corrente* assim como estão fazendo por toda parte, hoje em dia, "num abrir e fechar de olhos"...

A questão de um assentamento de "congá" não é tão simples, ou melhor, não se resume em colocar uma mesa num salão com tantas e quantas imagens ou estátuas...

Deve se compenetrar de que o *assentamento* de "congá" exige, logo de princípio, a respectiva *imantação,* pois o "congá" com suas imagens e seus objetos de fixação mágica ou astromagnética é o principal ponto de apoio objetivo, direto, geral dos filhos-de-fé e de todos que por ali vão em busca de alguma coisa de ordem moral, espiritual ou humana propriamente dita...

O "congá" é, portanto, uma das mais fortes ligações para os *movimentos* das forças mágicas, mediúnicas, astrais etc.; é o *elo comum* para que as entidades apliquem as ligações astromagnéticas, pela *magia sugestiva,* provindas das correntes mentais que nele se apóiam, quando os crentes vibram nele, ou através dele, para tal ou qual "santo ou orixá", pela fixação mental sobre tal ou qual imagem ou estátua.

Portanto, esse "congá" deve ser assentado dentro de certas regras, pois tudo na vida obedece a certas leis, tem o seu "mistério"...

A questão da quantidade e qualidade das imagens ou estátuas não importa; cada qual usa as que quiser, as que julgar necessárias ou as que julgar-lhe sejam mais afins ou sugestivas. O mais importante é o que vamos recomendar ou discriminar...

A operação mágica propriamente dita, para assentamentos de "congá"

a) Escolha as suas imagens e a mesa para elas de acordo; todavia essa mesa deve ter 90 cm de altura...

Feito isso, o médium-chefe deve escolher o dia de seu *planeta regente,* para esse assentamento (isto é fácil de saber: em qualquer obra de astrologia esotérica, pelo "Almanaque do Pensamento", ou mesmo em nossas obras), porque, assim procedendo, está conjugando forças afins, correntes vibratórias simpáticas para o "congá" e especialmente para o seu próprio corpo-astral (dele, o médium-chefe)... E tanto é que só deve proceder a essa operação de imantação ou assentamento *durante a fase da Lua Nova para a Crescente.* Em qualquer uma dessas fases, contanto que *no dia de seu planeta, e dentro delas...*

b) deve colocar esse "congá" de *frente para o Oriente,* ou seja, para o ponto cardeal Leste. Isto é muito importante, pois todas as correntes benéficas, todas as linhas de forças superiores, costumam ter uma seqüência mais *forte* pela corrente Aérea (elemento Ar ou o Tatwa VAYU) que vem do Leste ou Este...

Deve-se considerar que "ter o 'congá' de frente" para o Leste é ter as *imagens* todas colocadas com a frente para esse ponto cardeal... Caso isso não seja possível, pelo menos considerar com precisão as instruções subseqüentes.

c) tendo posto sua mesa com as respectivas imagens ou estátuas e já sabedor do dia de seu planeta regente para proceder à operação de imantação de seu "congá", o médium-chefe *aguarda o ponto do meio-dia* (12 horas) para proceder à *1ª defumação* de limpeza astral do ambiente e mesmo das estátuas... Porém, antes dessa defumação, deve colocar no dito "congá" (na mesa) os seguintes elementos: uma bacia pequena, contendo água do mar e pétalas de flores diversas, quatro tigelinhas de louça, uma com sal, uma com pó de carvão virgem, uma com areia do mar, e a última com o pó ou as raspas de sete pembas de cores diversas (branco, amarelo, azul, vermelho, laranja e violeta). Colocar também sete velas de cera.

Essa *primeira defumação* (em defumador de barro) para o ponto do meio-dia, deve ser dada com as seguintes ervas: folhas de levante, folhas de manjericão e folhas de alho (de preferência do roxo), isto é, daquelas cascas finas que revestem o *próprio dente do alho* (porque da palha ou da chamada de réstia, não serve). Assim, ao faltar 7 minutos para as 12 horas, o médium-chefe acende as três velas de cera, em louvor, uma, de Oxalá (Jesus), uma, para os três Arcanjos — Gabriel, Miguel e Rafael, e uma para o seu Protetor de cabeça, e naturalmente acompanha isso tudo com as suas orações ou com os seus pedidos...

Concluída essa 1ª defumação com o "congá" já iluminado, o médium-chefe espalha por todo o salão bastante folhas de Guiné-Pipiu e se prepara para a 2ª defumação, às 15 horas...

Essa 2ª defumação deve ser com os seguintes elementos: — folhas de eucalipto-macho, folhas de laranja, e folhas de maracujá (todas secas, é claro, porém que tenham secado à sombra, isto é, sem que tenham apanhado diretamente os raios solares).

Então o médium-chefe prepara todo o seu pessoal (o corpo mediúnico que tenha) para a 3ª *definição final* e propiciatória que será feita às *18 horas*. Ao aproximar-se essa hora, coloca os médiuns em círculo, isto é, em *Corrente Vibrada* (todos se unem, dando as mãos), de forma que fiquem de frente para o "congá,", contanto que a mão esquerda de um médium feminino fique pousada sobre a mesa do "congá" e a mão direita de um médium masculino feche essa Corrente, pousando-a por sua vez sobre o dito "congá"...

Formada essa Corrente (sempre com o "congá" iluminado) deve-se proceder à seguinte defumação propiciatória: Benjoim, incenso e mirra ou então com o sândalo puro. A seguir, o médium-chefe se ajoelha em frente ao "congá", leva a mão esquerda ao coração e levanta a direita em atitude de súplica para proferir a seguinte Oração:

Jesus Mestre e Senhor de Justiça do Planeta Terra! Em nome de tuas sagradas palavras — "Eu Sou o Caminho, a Verdade e a Vida", neste instante, evocamos a tua misericórdia e a tua permissão para consagrarmos esse "congá" para o (aqui dizer o nome do caboclo ou preto-velho responsável pelo médium-chefe ou melhor, o seu "chefe-de-cabeça").

Esperamos, Senhor de Justiça, que tua santa permissão desça sobre a Corrente Astral de Umbanda e que ela vibre sobre nosso "congá", nesta hora bendita...

E sobretudo, contamos com Tua santa benevolência, para elevarmos nossos pensamentos e ajoelhados (toda corrente de médiuns fica de joelhos) podermos reafirmar hoje e sempre: — Louvado Seja Deus, a Suprema Consciência Una (dizer essa afirmação 3 vezes).

Assim que a força e a vibração de todas as Falanges de Caboclos, Pretos-Velhos e Crianças da Sagrada Corrente Astral de Umbanda possam nos assistir nesta cerimônia... e logo pronuncia em voz firme e pausada estes *mantras,* próprios da Corrente Astral de Umbanda: —

SAMANY Y YARACY;

YACYAYA

ACUÃ; YUREMÁ. CÁ-Á – YARY...

Ato contínuo, o médium-chefe se levanta, vai ao "congá" e apanha a bacia que contém as pétalas e as vai jogando sobre as imagens, sobre a cabeça dos médiuns e de todos, ao mesmo tempo em que pronuncia esta frase mágica: "Salve oh! SAMANY" (dizer sete vezes)...

Depois, pode desfazer a corrente (os médiuns que estavam ajoelhados se levantam), e cantar os pontos que se julgar necessários em louvação aos Guias e Protetores, durante mais ou menos uns 15 minutos...

d) ficando pronta essa parte do *assentamento do "congá"* com suas defumações, suas orações, suas evocações mágicas, seus pontos cantados etc., o médium-chefe se prepara para o *Cruzamento do Terreiro* propriamente dito...

Pondo os médiuns novamente em Corrente Vibrada, ele traça (sobre o piso do salão), com uma pemba branca, o *triângulo da Linha de Oxalá* (com um vértice apontado para o referido "congá") e uma cruz em forma de X, assim:

Norte–D

A–Leste ou Oriente

Oeste–C

B–Sul

Na ponta A, coloca o recipiente que contém o Sal; na ponta C, coloca o recipiente que contém areia do Mar; na ponta D, coloca o recipiente que contém o pó de Carvão virgem; e na ponta B, o recipiente que contém o pó das sete Pembas de cores. Logo se acende uma vela de cera em cada um desses pontos citados e dentro do triângulo colocar a bacia que tem água do mar e da qual já foram retiradas as pétalas na operação anterior (obs.: não esquecer que desde o princípio esses elementos estavam sobre a mesa do "congá", justamente para complementar todo o Ritual de Imantação e Cruzamento).

e) Tudo assim armado, dentro desse Ritual de alta Magia, o médium-chefe fica de frente para o Oriente ou para Leste (para onde o Sol nasce) e faz a seguinte invocação: Ó, Deus! — Senhor da Vida e de todos os elementos Cósmicos!...

Permite, Senhor Supremo, que, por intermédio do Cristo Jesus — o Oxalá de nossa Umbanda, seja dada a cobertura ao (aqui dizer o nome do guia-chefe do "congá", caboclo ou preto-velho etc.), para que ele, do astral, possa conjugar os elementos do fogo, da terra, do ar e da água nesse cruzamento e assim fixar suas vibrações neste Terreiro que nasce para a Luz e a Caridade...

Então, o médium-chefe levanta a vela que está acesa para cada ponto cardeal e faz o sinal-da-cruz (vela na mão direita, sinal-da-cruz à altura de sua cabeça) e vai pronunciando as seguintes palavras mágicas: SAMANY, — YÁ: ACAUÃ...

Tudo sendo feito de princípio a fim, conforme estamos discriminando, não deve se apagar esse ponto do triângulo e da cruz que está no meio do salão, com os elementos sal, areia do mar, pós etc.; esse preceito *deve permanecer no salão durante três dias*.

Assim sendo, pode-se proceder a uma sessão de chamamento de protetores com os médiuns que estiverem em condições de dar passividade a eles, a fim de imantar, mais ainda, todos esses elementos que entraram nessa preparação ou nesse Ritual de Alta Magia de Umbanda...

Obs. final: — Findor os três dias, os elementos que estavam fixando o cruzamento propriamente dito devem ser encaminhados e se procede assim: — vedar as tigelinhas pela boca com papel, a fim de que não se derrame nada; botar a água do mar da bacia num vidro ou garrafa; arranjar um pano branco e copiar com pemba amarela sobre esse pano o ponto do triângulo e da cruz; levar 4 velas de cera; uma garrafa de vinho branco; mel de abelha e flores, e também a bacia.

Tudo isso pronto, pode levar à mata ou ao mar, ou à cachoeira ou mesmo a um rio (um desses 4 lugares será escolhido, de acordo com a natureza vibratória de seu Guia espiritual, isto é, se ele for caboclo de Oxossi — vai para uma mata; se for caboclo da vibração de Ogum — vai para uma mata ou para a beira-mar (praia), ele é quem decide; se for caboclo da vibração de Xangô — vai para uma cachoeira ou mesmo para uma pedreira; se for um caboclo da vibração de Oxalá — vai para um campo ou mesmo para um rio; se for cabocla da vibração do mar ou de Yemanjá — vai para o mar ou para uma praia; se for preto-velho — vai para uma mata, de preferência ao pé de um tronco de árvore grande...)

Em qualquer um desses locais, abre o pano, bota tudo em cima, conforme estava na posição anterior (no salão), acende as *4* velas de cera em louvor do Guia-Chefe e pede para que ele dê o caminho adequado ou de direito. Nessa ocasião não esquecer de botar a água do mar que está na garrafa ou vidro dentro da bacia e adicionar o vinho branco e o mel de abelhas. Depois armar o preceito com as flores que levaram, tudo de acordo.

O ponto que ficou riscado no salão não deve ser apagado; ele fica até se apagar com o tempo, não importa que seja pisado... *Isso tudo é assim,* assim deve ser feito, *porque assim* é que é um *assentamento e cruzamento* de um "congá", dentro das fixações mágicas da Lei de Umbanda.

UM PODEROSO ELEMENTO DE AUTODEFESA DO "CONGÁ" NA ALTA MAGIA DE UMBANDA. O DISCO DE AÇO POLIDO INOXIDÁVEL, AS AGULHAS DE ATRAÇÃO E REPULSÃO, OS SETE PEDAÇOS DE CARVÃO VIRGEM, O COPO. COMO PROCEDER ÀS INDISPENSÁVEIS IMANTAÇÕES ASTROMAGNÉTICAS DESSES ELEMENTOS

Ao darmos seqüência a mais essa parte prática, devemos salientar a necessidade que tem um médium dirigente de estar sempre atento quanto à defesa vibratória do ambiente astral de seu Terreiro ou Tenda...

Isso porque é sabido que nas sessões de Umbanda *dá de tudo, entra de tudo.* Casos e mais casos, descargas e mais descargas de tudo quanto é gênero de mazelas dos crentes ou dos filhos-de-fé...

Eis por que, por essas e mais outras coisas, é imprescindível que o médium-chefe tenha sempre suas "defesas mágicas em dia", sabendo-se que o próprio "congá" é um ponto de atração, fixação e repulsão de elementos diversos e mesmo dos citados negativos. Tudo converge diretamente para o "congá": vibrações de fé, de aflição, de desespero, de socorro, de angústias várias etc.

Então é imprescindível mesmo que esse "congá" *funcione preparado,* isto é, tenha sua autodefesa na Magia astromagnética. Uma das mais importantes é o ponto do disco de aço de atração e repulsão. Esse consta de:

a) Um disco de aço polido puro ou tipo niquelado (contanto que tenha aço) do tamanho (circunferência) que se queira ou possa...

b) Três agulhas de aço (podem *ser* dessas de costura ou de vitrola).

c) Sete pedaços ou pedras de carvão virgem, polidas ou raladas de modo que fiquem com formas triangulares.

d) Um copo de vidro grande e de qualquer formato...

Tendo providenciado esse material, preparar outros elementos indispensáveis a sua imantação astromagnética da seguinte forma:

1) Colher uma quantidade de *areia do mar* em águas limpas, numa hora favorável da LUA, e na parte noturna, e trazê-la.

2) Queimar carvão vegetal virgem, numa hora favorável do SOL – na parte do dia. Após isso, colher apenas as cinzas e tê-las à mão...

3) Então, no *segundo dia* da Lua na fase do *minguante* (quando o fluido lunar concentra a seiva ou a sua corrente eletromagnética *na raiz* das coisas) e por ocasião do *nascimento do Sol, ir misturando* essa *areia ao mar e as cinzas,* em bacia ou recipiente, o disco de aço, os carvões e as agulhas ligadas, cada uma, a um pedaço de carvão por linhas (três agulhas, três carvões). É claro que o citado disco, carvões, agulhas, devem ficar cobertos de areia (dessa mistura).

4) Feito isso, colocar o copo em cima e enchê-lo, metade com água do mar e metade com o sumo dessas três ervas: guiné, vassoura-preta e arruda-macho, também trituradas nessa ocasião...

5) Feito isso, esperar mais ou menos uma hora (com tudo exposto aos raios solares para que haja transfusão de elementos) e recolher esse material à sombra, aguardando-se a noite, a fim de expô-lo ao sereno, durante três dias dessa fase lunar do minguante...

6) Quando chegar a parte da manhã, sempre ao nascer do SOL, derramar em cima do local (parte da areia) por onde estão o disco, as agulhas e os carvões a 1ª terça parte desse sumo de ervas, que está dentro do copo. No segundo dia, derramar a 2ª terça parte, e no terceiro dia, derramar a última parte.

7) Durante os três dias (que englobam três manhãs), convém que seja iluminado com luzes de lamparina, na quantidade de 3, 5, ou mesmo 7 (isto é, mais ou menos às 21 horas), botar no sereno e acender as ditas lamparinas, com uma quantidade de azeite suficiente para umas 6 ou 7 horas e fazer orações, pontos etc., na intenção dos Guias e Protetores do médium-chefe ou, se for o caso de o preparador não ser o médium-chefe, fazer na intenção dos protetores afins.

8) Finda essa operação mágica de três dias, recolher o material, limpar tudo, o disco, os carvões, desprendendo as agulhas deles e imediatamente colocar o citado disco *debaixo do "congá"*, tendo o copo em cima, cheio de água do mar (na falta dessa, botar água comum com sal), contendo também as agulhas imantadas...

Isso sendo feito direito e com boas intenções, se transforma num poderoso núcleo – mágico astromagnético de autodefesa do "congá", isto é, do ambiente vibratório do terreiro, podendo até dar-se que as agulhas, de acordo com as condições reinantes, tomem formas triangulares ou cruzadas... (a água do copo deve ser mudada sempre que estiver suja ou empoeirada).

Obs. final: Esse Ponto do Disco de Autodefesa serve também para os ambientes domésticos, comerciais, de trabalhos comuns etc. e é só o interessado proceder de conformidade com as regras dadas...

CUIDADOS ESPECIAIS COM AS ERVAS DOS CHAMADOS "AMACYS" — A FIM DE NÃO "DESEQUILIBRAR" AS LINHAS DE FORÇA NEUROMEDIÚNICAS NO ATO DO REAJUSTAMENTO VIBRATÓRIO. NENHUMA ERVA PODE SER COLHIDA NEM TRITURADA PELO ELEMENTO FEMININO. COMO PROCEDER À IMANTAÇÃO

Outro caso a ser rigorosamente observado pelo médium-magista (sim, porque, na Umbanda, quase tudo que se faz ou se prática nos terreiros está sempre dentro ou em relação com as correntes de ação ou de ordem mágica) é o dos chamados de "amacys", ou seja, o uso terapêutico ou astromagnético dos vegetais ou ervas, quer nos defumadores, banhos e, sobretudo, no uso ou operação de ligar suco de certas plantas para fins propiciatórios e medianímicos, sobre médiuns ou iniciandos...

Essa operação, que costumam praticar na maior parte dos terreiros sem os cuidados que tal caso requer, é um dos fatores mais responsáveis por uma série de distúrbios ou alterações em pessoas submetidas a eles...

Senão, vejamos: se o caso fosse apenas de se pôr ervas quaisquer na "cabeça" dos médiuns, debaixo de ritos confusos, mesmo sabendo-se que ervas ou plantas também têm suas vibrações planetárias propícias, afins ou particulares, levando-se em conta a boavontade, a fé, ou a sugestão sincera do ato — vá lá, muito embora sem maiores proveitos...

Mas o caso é que, além de essas ervas, que na maioria dos casos são misturadas, assim como de "orelhada", serem de planetas diferentes ou "inimigos", isto é, que não são afins, se repelem, como se pode interpretar pela astrologia esotérica, portanto, vão "entrar na cabeça do médium assim como que *mal aplicadas* ", têm ainda a sobrecarga de serem postas de mistura com bebidas alcoólicas diversas e outros ingredientes absurdos...

Ora, é crassa ignorância, para não dizermos estupidez, o uso desses chamados "amacys" nessas condições...

Irmãos Umbandistas que querem ou que se dizem ser médiuns-magistas: Não façam mais isso assim!...

Vocês estão prejudicando a seus irmãos de Lei e isso implica gravíssima responsabilidade que vocês terão que responder. Errar é humano, porém, persistir no erro é crime, tem castigo! Mormente em erros de ordem espiritual!

O ato de se aplicar o chamado "amacy" é coisa seríssima — é operação de consagrar, implica a invocação de forças, sejam elas quais forem, sobre a natureza espiritual ou medianímica, vibratória, de outrem...

Mas se você que está lendo isto tudo que acabamos de dizer é um bem-intencionado e apenas vinha fazendo assim porque não sabia, vamos de agora por diante fazer o melhor possível. O caminho mais certo e simples é esse. Preste atenção. Eis as regras: —

a) Nenhuma planta ou erva para "amacy" pode ser colhida, triturada e muito menos ser submetida como ato de consagrar outra pessoa, por elemento do sexo *feminino*. Lembre-se: em nenhuma corrente religiosa, iniciática, esotérica, mágica, templária etc., do mundo, foi dado à mulher a *outorga,* o poder de *iniciar visões* e nem mesmo a suas iguais de sexo... Na Umbanda, jamais constou que essa OUTORGA também lhe fosse dada... O comando vibratório da MULHER é passivo, úmido, lunar, esquer-do – *é aquilo* cuja natureza tem como eterna função gerar, receber, ou seja, feita para ser *eternamente* fecundada pelo *princípio ati-vo,* direito, de ação *positivamente fecundante... E* esse é o HO-MEM, o *varão*...

b) Observar pelo menos que as ervas sejam afins ao planeta regente ou governante da *pessoa que vai receber o* "amacy", quando não, que as plantas ou ervas sejam rigorosamente SOLARES, assim como: Arruda, Guiné, Levante, Maracujá, Erva-Cidreira etc. Em nossa obra *Mistérios e Práticas da Lei de Umbanda* encontra-se toda essa identificação sobre ervas e planetas...

c) Observar que ervas para "amacy" devem ser colhidas verdes e postas logo à sombra, a fim de evitar os raios solares depois de colhidas. Colhê-las, se possível (isto é que é o certo), na *hora favorável* do planeta governante da pessoa ou iniciando que vai receber o "amacy" e triturá-las logo nessa hora ou em outra hora favorável do dito planeta regente...

d) Adquirindo esse sumo de ervas, pô-lo em recipiente de vidro (que é isolante, por isso é que as tais guias ou colares de louça e vidro não servem para guias de força eletromagnética. São apenas de efeito sugestivo) e expô-lo ao sereno ou à influência lunar, 1 ou 3 noites em sua fase de Nova a Crescente e que esse sumo seja iluminado com luzes de lamparina, 1 ou 3, na intenção das Forças Espirituais que vão ser invocadas no ato daquele "amacy" ou consagração mediúnica, que, naturalmente, devem ser as proteções afins da pessoa...

e) Procurar fazer esse "amacy" numa hora favorável do dito planeta governante da pessoa ou médium iniciando e naturalmente dentro de um ritual adequado, e mesmo que o terreiro use tambores, nesse ato não se deve usá-los de forma alguma, *senão estraga tudo...* E ainda: na ocasião do "amacy", a pessoa deve ficar de frente para o Oriente.

f) O resto do sumo das ervas postas na cabeça do iniciando ou pessoa deve ser posto imediatamente num vaso que tenha uma planta cheirosa, a fim de não diluir esses restos sobre condições negativas...

g) Repetimos: Em "O Almanaque do Pensamento" existe um horário astrológico, que, à falta de outro mais interno, serve bem para essas identificações de horas favoráveis... E lembre-se: Umbanda é Magia e com magia não se brinca. Procure aprender pelo menos isso, para ser útil e honesto em relação aos outros irmãos que estão na sua dependência espiritual mediúnica...

SOBRE OS HINOS OU PONTOS CANTADOS COMO EXPRESSÃO RELIGIOSA, MÍSTICA E MÁGICA

Há um fator tradicional, histórico e iniciático que todos os povos ou raças dentro de suas variadas expressões religiosas, místicas e mágicas, invocavam e invocam suas divindades, seus "deuses", suas forças ou suas Entidades espirituais, através, não somente da palavra falada, mas, muito mais, da palavra cantada, que tomou várias denominações ritualísticas ou litúrgicas, quais sejam: hinos, salmos, cânticos sagrados, mantras ou "macrôons", pontos cantados etc.

Então sabemos que a palavra falada ou cantada não é uma propriedade nossa, foi-nos dada por outorga, pois que, sendo nada mais nada menos do que o próprio som articulado, este som é universal e em sua essência traduz o próprio Verbo Divino, ou seja, a voz das Potências Superiores, do Cristo Planetário etc.

Ensinam os mestres do ocultismo indiano ou oriental e os do ocidental que todo aquele que possuir uma parcela do poder consciente da palavra, deve usá-la "medida, pesada e contada".

Ela pode movimentar poderosas forças sutis da natureza, pela magia de suas vibrações, dentro de certas inflexões que podem tomar os seus sons, devido a determinados fonemas, vogais etc.

Assim é que certas palavras, através de um hino, cântico ou *ponto,* são de uma poderosa força invocatória. Podem provocar fenômenos...

Portanto, quando entram no aspecto cantado, esse poder duplica, porque pode emitir maiores vibrações na tônica mística, religiosa e especialmente na magia.

As escolas da ioga ou do ocultismo oriental, e mesmo do ocidental, ensinam cuidadosamente que *cada força ou elemento básico da natureza tem o seu som próprio.* Então, cada palavra que pronunciamos, *sendo sons articulados,* tem forçosamente que ter suas correspondências astrais ou no éter e se um magista sabe que certos sons emitidos pelo canto de certas palavras no mundo físico despertam sons afins no plano invisível e incita alguma força no lado oculto da natureza, ele também sabe que isso é devido ao efeito positivo da harmonia deles, do ritmo vibratório que se empregar, bem como também sabe que cânticos barulhentos, gritantes, desenfreados, projetados mais pelo aspecto instintivo dos humanos seres, são de *efeitos negativos,* prejudiciais e de atrações inferiores, pois vão se corresponder com seus elementos afins no mesmo éter astral...

Assim é que temos constatado em certos pontos cantados de nossa Corrente uma força de inflexão e de expressão tal que empolga, domina e produz até fenômenos psíquicos e espiríticos ou fenomênicos: temos portanto em ação o que os hindus chamam de *mantras* cantados (porque há os falados também) que entram em estreita ligação com o que chamam de tatwas e na Umbanda esotérica denominamos de *linhas de força...*

Então, se coordenarmos pontos cantados com frases de inspiração religiosa, de acordo com a chamada escala musical, temos os hinos religiosos, que despertam os sentimentos místicos e mesmo a fé...

No entanto, quando são coordenados com acentuada repetição rítmica de certas palavras, frases, sílabas ou vogais, dentro de determinadas inflexões musicais ou cantadas, passam a vibrar em relação com as forças mágicas correspondentes no éter astral — é o hino ou ponto mantrâmico...

É onde entra a regra: os mantras constam de sons rítmicos. O som é o mais eficaz e poderoso agente mágico e a primeira chave para abrir a porta de comunicação entre seres do plano físico e os do plano astral...

Agora podemos reafirmar o conceito oculto dos pontos ou hinos da Corrente Astral de Umbanda, como certas combinações de vogais, sílabas, palavras ou frases ritmicamente dispostas e relacionadas com o aspecto místico e mágico da dita corrente e que são cantados dentro de determinadas inflexões a fim de se porem em relação com as vibrações correspondentes no éter astral...

Portanto, entra no entendimento de qualquer um, lendo o exposto, que batucadas, gritos, palmas, cantorias ditas como "curimbas", muitas vezes compostas com frases ridículas, sem exprimirem uma imagem de ligação ou correlação, conforme cantam por aí, por esses "terreiros rotulados de umbanda", são nada mais nada menos do que *projeções vibratórias confusas* que vão diretamente *afinar* com o que há, também, de mais confuso no astral...

São essas "cantorias batucadas" pontos de atração para espíritos atrasados ou para o astral inferior.

Nossos caboclos e pretos-velhos, e mesmo os Exus de Lei, jamais *ensinaram* isso em tempo algum...

É incrível — e por que não dizê-fo logo — *indecente* se ver como certos "terreiros ou certos médiuns" expõem ao ridículo a nossa Umbanda, "cantando para os protetores deles" as mais extravagantes cantorias que dizem ser os seus pontos cantados... E é por causa dessas coisas mesmo que já se foram os tempos em que as entidades de fato ensinavam os seus *pontos de raiz*...

Deturparam tudo — até surgiram pretensos radialistas, charlatães do samba e da batucada, que, na ambição desenfreada, inescrupulosa, se fantasiaram de umbandistas e vivem "cheirando" pelos terreiros em busca da inspiração que lhes falta, para adulterar os pontos de nossas entidades, a fim de comercializá-los, em horrorosos discos de "macumba", de "folclore" etc. Chafurdaram tudo ao som desses tambores de carnaval e escolas de samba, essa é que é a verdade.

Cabe aos umbandistas dignos, esses que têm amor à Umbanda e respeito de fato a suas entidades militantes, corrigir tanto quanto possível essa situação.

Cabe a qualquer umbandista, principalmente se for médium, protestar, mesmo dentro dos terreiros que porventura esteja, dentro de uma necessidade qualquer ou em cumprimento da sagrada missão mediúnica, *contra* esse estado de coisas.

Cabe-lhe interpelar o "seu chefe-de-terreiro" sobre essa situação, porque, se esse chefe é um dirigente digno, compete a ele zelar por aquilo que pratica, ensina e se responsabiliza... Compete a ele — chefe-de-terreiro — provar que Umbanda não é sujeira, casas de aconchego e conchavos, casas de samba "pra baixar o santo"...

SOBRE AS CACHOEIRAS, AS MATAS, OS RIOS, AS PEDREIRAS VIRGENS, O MAR ETC.

Como vamos entrar, de agora por diante, somente com partes discriminativas e práticas, devemos chamar a atenção dos umbandistas sobre os elementos cachoeiras, matas, mar, rios e pedreiras virgens, tão de uso para as nossas práticas ou rituais de cunho nitidamente mágico ou vibratório...

Os prezados irmãos umbandistas devem saber que esses lugares são *sítios particularmente consagrados* à Corrente Astral de Umbanda, desde épocas remotas, pelo Astral Superior.

É lamentável que inúmeros irmãos praticantes, por ignorância, façam desses sagrados ambientes elementares *depósito de sujeiras,* quer materiais, quer astrais (ou melhor: psico-astrais).

Sim! Porque é comum se verificar, nas cachoeiras, nas matas, nos rios etc., os mais absurdos, rasteiros e grosseiros materiais que por ali depositam a título de "preceitos", ou de oferendas.

É comum verem-se panelas, alguidares, garrafas, fitas, velas, bruxas de pano, alfinetes, assim como rabadas de porco, carnes sangrentas, e até sangue puro de animais abatidos...

Isso é crassa ignorância, é cega maldade! É desconhecimento completo do valor sagrado, espiritual e vibratório desses *sítios,* dos que assim procedem.

Esses ambientes elementares, consagrados à Corrente Astral de Umbanda, não servem, ou melhor, não são próprios para *sintonizarem* com ondas de pensamentos sujos, negativos e ainda mais ligados a coisas *materiais* inferiores e relacionadas com os movimentos de magia negra!

Esses sítios de *natureza limpa* são condensadores de energia ou de correntes eletromagnéticas positivas. São, por isso mesmo, lugares indicados e propiciatórios para os *reajustamentos vibratórios* dos filhos-de-fé da Umbanda e devem merecer o respeito e o *uso adequado.*

Vamos inserir aqui a resposta que uma de nossas entidades militantes deu, em certa ocasião, a um desses filhos-de-fé, sobre o assunto. Foi uma resposta simples e adequada ao entendimento de quem perguntou, na época, ao Pai Ernesto, um "preto-velho" de fato e de direito. A pessoa perguntou-lhe assim...

"As obrigações que fazemos nas cachoeiras, matas, mar etc., têm algum valor?".

Resposta do Pai Ernesto de Moçambique: "No período da escravatura, devido ao rigor imposto pelos senhores que eram católicos, os escravos, não podendo praticar livremente os seus cultos, se refugiavam nesses lugares com essa finalidade, tornando-se assim, para eles, *sítios sagrados e* que no *Astral Superior foi e ainda lhes é reconhecido como mercê.*

Por isso é que ainda determinam a seus filhos de terreiro ali comparecerem, a fim de que possam receber *reajustamentos vibratórios".*

Ora, por essa resposta simples se vê que, de há muito, esses sítios foram *consagrados,* particularmente, à Corrente Astral de Umbanda, de vez que, pela parte de nossos índios, eles (esses citados sítios) já o eram desde os primórdios de sua raça...

Sabemos que os magos dos primitivos tupinambás, tupis-guaranis etc., os ditos como pajés (payés), caraíbas, e outros costumavam consagrar, em cerimônias mágicas de alta significação, certos recantos de rios, lagoas, matas, praias, para a execução de ritos especiais ou práticas secretas...

Assim, todos os médiuns umbandistas de fato, isto é, que têm um protetor de verdade, devem estar cientes de que, nas zonas vibratórias de uma cachoeira, de uma mata, de uma praia limpa, de um rio, *"não há"* quiumba, ou melhor, nenhuma classe de espíritos atrasados faz pousada e nem sequer pode se aproximar, porque esses sagrados ambientes têm *guardiões* e mesmo porque os espíritos atrasados, perturbadores, viciados, mistificadores etc., *não sentem nenhuma* atração por lugares limpos, de vibrações eletromagnéticas positivas. Para eles são ambientes de repulsão.

Portanto, é de liminar entendimento que esses quiumbas, e esses ditos espíritos atrasados e mesmo os próprios Exus de faixa inferior (os considerados como pagãos e outros) não recebem nenhuma oferenda, seja ela qual for, nas cachoeiras, matas, praias, rios e pedreiras...

É afrontar os guardiões mais elevados desses locais e, sobretudo, é provocar a ira de certa classe de elementares "ditos como espíritos da natureza", colocar oferendas grosseiras, inapropriadas, nesses ambientes, isso sem falar no aborrecimento que causa a nossos caboclos e pretos-velhos que têm esses sítios como seus *núcleos de trabalho,* de reuniões espirituais, para a manipulação de certas forças mágicas e até para absorverem os fluidos eletromagnéticos indispensáveis, com os quais fortalecem e "revestem" seus corpos astrais, para a luta de todo instante (dentro da atmosfera inferior da crosta terrestre), com as correntes do mal ou os espíritos das trevas...

Então, compete ao umbandista consciente respeitar e fazer respeitar, contribuindo, tanto quanto possível, para que esses sítios sagrados conservem sua natureza local limpa. E é um dever, quando se chegar nesses locais, varrê-los das sujeiras materiais que encontrarem, isto é, recolherem os restos de oferendas grosseiras, inadequadas e fazer uma cova (um buraco) e enterrá-los. Estarão assim prestando um grande serviço às verdadeiras entidades de nossa Umbanda.

E não tenham medo de o fazer. Nada acontecerá, porque terão, imediatamente, o beneplácito de cima, para isso...

Porque, todos sabem disso — existem até "cegos e ignorantes de tal jaez" que vão a esses locais fazer descargas de fogo (com pólvora), debaixo de ensurdecedoras batucadas (com os tais tambores de carnaval)...

Não estão vendo, oh! cegas criaturas, que esse tipo de descarga requer outros lugares? Os ambientes adequados para isso são outros!

OS PODEROSOS E SUTIS EFEITOS MÁGICOS DAS FLORES, LUZ DE LAMPARINAS E CORES, NA ALTA MAGIA DE UMBANDA – EM FACE DE SEUS ELEMENTOS OU SÍTIOS CONSAGRADOS PARA REAJUSTAMENTOS VIBRATÓRIOS: — AS PRAIAS, OS MARES, AS CACHOEIRAS, AS PEDREIRAS, OS RIOS, AS MATAS, OS BOSQUES, OS CAMPOS ETC.

Dentro de um fundamento que não podemos absolutamente detalhar, nesta obra de alcance popular, mas que podemos afirmar e ensinar como altamente superior e eficiente, tenha-se na devida conta que a iluminação fornecida (uso mágico) pela queima do *azeite*, seja ele qual for (porém, o melhor é o azeite doce), é tipo de luz consagrado à Corrente Astral de Umbanda, para efeitos de Alta Magia...

É certo que não podemos nem estamos aconselhando a se desprezar o uso da iluminação proveniente das velas comuns ou de cera. Servem, e sempre serviram. Têm uso e indicação adequados, os quais já ensinamos em obras anteriores.

Porém, estamos agora levantando novos ângulos da Alta Magia de nossa Corrente, ou seja, de nossos caboclos e pretos-velhos...

Assim é que afirmamos tal e qual nossas entidades: "mironga de congá está no *fundo das coisas* e só podemos vê-las de lamparina acesa"...

Realmente, "congá pra ser congá" de Umbanda tem que ser iluminado somente com luz de lamparina (usar o azeite apropriado, as velinhas ou grizetas etc., em recipiente de vidro ou louça ou mesmo de barro, tamanhos de acordo).

Mas antes de entrarmos nos detalhes subseqüentes tenha-se sempre na devida conta que, "para pedidos ou benefícios de ordem material, seja qual for a iluminação usada, *a quantidade é par;* e para os pedidos ou afirmações de ordem espiritual, mediúnica, moral etc., a quantidade de luzes terá que ser em número *ímpar...".*

Tendo logo isso ficado assente, vamos orientar quanto a natureza vibratória dos *sítios consagrados* para reajustamentos, pedidos, preceitos, afirmações da Umbanda, em relação com as correntes espirituais e segundo o valor mágico ou astromagnético deles...

a) O *mar ou as praias, os rios e cachoeiras:* são núcleos elementares ou eletromagnéticos, cuja força vibratória entra na função de *receber, levar e devolver* trabalhos de qualquer natureza, isto é, não firma trabalhos *duradouros,* cujos efeitos podem ser rápidos, seguros etc., porém, agem por *períodos* ou por tempos contados a repetição dos preceitos...

Têm que ser *alimentados,* isto é, trabalhos mágicos, oferendas simples, certos preceitos etc., ali postos, se não forem aceitos no prazo de 1, 5, 7 semanas ou luas, têm que ser repostos (alimentados)...

Especialmente o mar, pela sua natureza vibratória, *devolve tudo.* Não se deve fazer trabalho de Magia Negra no mar, porque, fatalmente, o infeliz que for fazer isso, pedir o mal, receberá rapidamente o retorno...

b) *As matas, os bosques, as pedreiras, os campos:* são núcleos vibratórios ou eletromagnéticos, cujas forças espirituais e mágicas exercem ação de *firmar, perseverar, de resistência* etc., assim sendo, o efeito é *consolidar...*

Então, os trabalhos (preceitos, oferendas, batismos, afirmações etc.) ali aplicados, são os mais firmes e de natureza efetiva. Esses elementos não *devolvem nada.*

Toda espécie de afirmação de ordem elevada deve ser aplicada nesses sítios vibratórios, especialmente à margem das cachoeiras e das pedreiras que fiquem perto de arborização ou matas...

Essa parte estando bem lida e compreendida, vamos situar outros elementos.

c) As flores, sendo elementos naturais de grande influência mágica superior, convém ao magista conhecer seus reais valores...

Assim temos: para os trabalhos, pedidos ou afirmações de qualquer natureza positiva, para o Mar, as Praias, as Cachoeiras, os Rios — *flores brancas,* para que as forças vibratórias invocadas, na ação mágica, em relação com as correntes espirituais ou invisíveis, *devolvam* aquilo que se está pedindo, dentro naturalmente da linha justa de um certo merecimento, em estado de pureza etc., ou, quando não, pelo menos que dêem uma solução qualquer, segundo as necessidades.

Obs.: os *trabalhos* (preceitos, oferendas etc.) que forem levados a esses sítios, devem ser postos sobre panos, na seguinte condição:

1) Sempre com flores brancas a serem postas em cima de pano de cor *Verde:* — para fins de recuperação ou melhoria de saúde física ou de doenças nervosas (Luzes pares).

2) Com flores brancas em cima de pano de cor *Amarela* (ou tonalidade dela) dourada ou puro: — para vencer *demanda* de ordem moral, astral ou espiritual (luzes ímpares).

3) Com flores brancas em cima de pano de cor *Azul:* — para pedidos ou afirmações de ordem mediúnica, espiritual; para vencer concursos, exames, cursos etc. (luzes ímpares).

4) Com flores brancas em cima de pano de cor *Vermelha:* — para firmar um trabalho de pedidos para soluções urgentes e que demandem muita energia, ou auxílios importantes para vencer, assim como questões judiciárias ou processos etc. (luzes ímpares).

5) Com flores brancas em cima de pano de cor *Rosa:* — para trabalhos ou pedidos de ordem sentimental, amorosa, assim como noivados, casamentos etc. (luzes pares), dentro de uma necessidade normal, não se confundindo isso com o que chamam de "amarração"...

6) Com flores brancas em cima de pano de cor *Roxa:* — trabalhos ou pedidos, a fim de invocar auxílios para uma situação tormentosa, casos de ordem passional etc. (luzes ímpares).

7) Com flores brancas sobre pano de cor *Laranja:* — quando se necessitar que as forças benéficas favoreçam com fartura ou melhoria de vida social, funcional, material (luzes pares).

Obs.: o operador, ou a pessoa a quem interessar os pedidos ou os trabalhos, não deve jamais esquecer que a iluminação desses preceitos ou oferendas deve ser feita tão-somente com lamparinas e de conformidade com a natureza do caso, que já frisamos ser pares ou ímpares. Bem como se podem acrescentar a isso outras oferendas normais que se queira ou que já ensinamos em outras obras nossas.

Aviso importante: se o operador ou a pessoa interessada firmar esses trabalhos dentro da hora favorável de seu planeta regente ou governante, ainda melhor (hora favorável do planeta do necessitado).

Agora, atenção: para não repetirmos desnecessariamente os itens numerados e acima descritos de acordo com a natureza vibratória de suas ações e reações, é só observar as questões relacionadas com a letra A, que fala de matas, pedreiras, bosques etc., e variar apenas nas *Flores* que devem ser Amarelas ou Vermelhas (e tonalidades).

Assim: com flores amarelas ou vermelhas aplicar o que está indicado nos itens 1, 2, 3, 4, 5, 6, 7 e ter na devida conta também a *observação* final.

DO ALTO VALOR TERAPÊUTICO, MÁGICO E PROPICIATÓRIO DOS DEFUMADORES, DE ACORDO COM A NATUREZA DO SIGNO DA PESSOA, NA HORA FAVORÁVEL DE SEU PLANETA REGENTE OU GOVERNANTE

As defumações com as maravilhosas ervas da flora brasileira são de alto valor terapêutico, mágico e propiciatório...

O uso das defumações é tão antigo, que não há povo ou raça que não tenha feito uso dele, de acordo com os ensinamentos de seus primitivos magos ou sacerdotes.

Todavia, os maiores conhecimentos nesse mister nos vêm dos antigos magos dos tupinambás, dos tupis-guaranis, esses pajés (payés), caraíbas etc., oriundos ou com segredos do caáyari, através das entidades espirituais que militam na Corrente Astral de Umbanda...

O seu valor terapêutico e mágico é de comprovada eficácia (quando de sua aplicação correta) e não há Tenda de Umbanda que não faça largo uso dessas defumações.

Vamos tratar aqui da aplicação de certas ervas ou plantas para defumações no alto aspecto mágico, ou astro-magnético, da forma mais simples possível.

É bastante dizermos que certas ervas *queimadas* em determinadas horas podem isolar o local até de surtos epidêmicos, assim como o Eucalipto-Macho, as sementes de Girassol, as sementes da Imburana, se usadas em defumações nas horas favoráveis de Saturno...

Não precisamos fazer grandes citações ou comprovações. É bastante tomarmos como exemplo o caso *de Moisés* (tido como autor do Pentateuco, da Bíblia) — [a] o maior mago judeu daqueles tempos bíblicos, que, para dominar o Faraó Menephtallo, filho de Ramsés, [b] sob cujo jugo estava o povo judeu escravizado, fez uso das forças da Magia Negra, quando lançou as decantadas 10 pragas (a fim de intimidá-lo) sobre os egípcios, ao mesmo tempo que isentava o seu povo de seus efeitos, usando também forças da Magia Branca, através do uso secreto de *defumadores especiais...*

Esses defumadores, é claro, eram compostos de certas ervas ou raízes aromáticas de seu conhecimento secreto, o qual aprendeu entre os magos negros da Índia, inclusive com o famoso Ravana, que posteriormente chegou a combater, vencendo-o em demanda de Magia Negra...

Moisés foi, incontestavelmente, um grande mago negro e uma das provas disso está no Velho Testamento (Bíblia), cheio de atos de Magia Negra, com oferendas de sacrifícios de animais, implicando no holocausto de sangue e outras coisas...

Mas voltemos à questão das pragas sobre o povo egípcio, que foram atos de terrorismo para que Menephtallo cedesse às pretensões de Moisés.

Quando Moisés preparava então seus *elementos de Magia* e os fazia espalhar pelos pontos desejados, inclusive pelo próprio palácio do Faraó, tinha sempre o *cuidado* de mandar Aarão — um de seus auxiliares mais diretos — *distribuir* pelas casas, terreiros e pomares do povo judeu "cativo" (o qual vivia muito bem e não queria sair de lá, do Egito, diga-se de passagem — *as raízes* apropria-

---

[a] e [b] Certos fatores relacionados com a Bíblia e Moisés são sumamente contraditórios, complexos. Há incongruências, discordâncias aberrantes. Porém, quase todos que se esmeravam em provar essas coisas, acabaram sempre dizendo que, mesmo assim, a Bíblia diz a verdade etc. Todavia, chagaram até a provar que ela é obra de vários autores assim como, por exemplo, no Gênesis, identificam quatro autores: — o autor "J", o "E", o "JE" e o autor "P".
Assim é que também se diz que Moisés "brigou" foi com Ramsés II e não com o seu filho Menephtallo etc.

das, a fim de serem queimadas em *fogareiros de barro,* para que ficassem *isentos* dos citados efeitos de suas *pragas* ou de seus ataques de Magia Negra.

Se Moisés existisse *agora,* no Brasil, com suas práticas, por certo seria apodado de "macumbeiro, feiticeiro, pai-de-santo" e até de "umbandista" etc. É interessante notarmos que os protestantes que vivem "de Bíblia na mão" e apodam o umbandistas de macumbeiros, idólatras e outras coisas *mais,* o que interpretam das *diabruras* de Moisés, a esse respeito?...

Porém, como o nosso caso aqui não é tratar dos aspectos verdadeiros da vida desse grande mago, e citamos isso tudo apenas para lembrar que defumadores não são coisas da Umbanda de nossos dias, voltemos ao propósito direito dessa questão...

Então vamos às regras para aplicação correta dos defumadores, na Alta Magia Astromagnética...

a) A pessoa que necessitar de uma defumação propiciatória, mágica ou terapêutica, para fins de saúde (desagravação de elementos morbosos astrais, que possa estar sugando através de seu corpo-astral; para fins de vitalizar sua aura; aumentar seu potencial de magnetismo pessoal bem como será muito útil aos vendedores, corretores etc.), enfim a tudo que se queira predispor para um benefício de ordem material, dentro das normas justas ou naturais da vida, deve identificar.

b) O seu Signo para saber qual o seu Planeta Regente ou Governante...

c) As *horas favoráveis* do dia ou da noite de seu Planeta Governante (veja no Horário Astrológico do "Almanaque do Pensamento" explicações de uma tabela que situa essa ditas horas favoráveis de cada planeta) e escolha uma, quer na parte diurna, ou noturna. Caso tenha dificuldade nisso, procure uma pessoa mais familiarizada com esses estudos e peça explicações. É muito fácil de se aprender.

d) Feito isso, sabendo a *hora que você quer,* então *prepare a sua defumação pessoal* ou de ambiente da seguinte forma:

e) Adquira um vaso de barro apropriado para defumações (só se deve usar de barro) e carvão virgem.

f) Escolha dentre essas *ervas Solares,* 1, 3, 5, 7, para aplicá-las na dita defumação. Ei-las: — folhas ou flores de Maracujá, folhas de Erva-Cidreira (melissa), folhas de Eucalipto, folhas de Levante, folhas de Jasmim-Cheiroso, folhas de Hortelã, folhas ou flores de Laranja, folhas de Limão-Verdadeiro, folhas ou flores de Girassol, folhas de Alecrim-Cheiroso, folhas de Figo (figueira).

g) Tendo essas plantas ou ervas à mão, é só escolher e usar. Apenas tenha o cuidado de adquiri-las verdes e secá-las à sombra, isto é, não deve expô-las aos raios solares para secar...

Obs. especial: o ato de defumar — na hora favorável de seu planeta, consta fazer com que as ervas sejam postas no carvão em brasa, para queimar e de forma que a fumaça possa envolvê-lo bem. Outrossim: nessa ocasião, *mentalize,* tanto quanto possa fixar pelo pensamento, a cor *verde pura.*

Agora, se o seu caso vai depender de uma boa defumação de descarga (desagregação de larvas fluídicas etc.), porque você está ou desconfia que esteja *mal influenciado* por causas diversas ou que esteja recebendo vibrações negativas de qualquer espécie, mesmo em seu ambiente familiar ou de seu negócio, então proceda nas seguintes condições...

a) Escolha sempre uma *hora favorável da LUA e* proceda à defumação, conforme o item E e obervação especial, mudando apenas, no caso, a cor, *que será AZUL,* no ato de mentalizar.

b) Para isso escolha entre as seguintes *ervas LUNARES:*

(1, 3, 5, 7): — folhas de Lágrimas-de-Nossa-Senhora, folhas do Quitoco, flores ou folhas de Manacá, folhas de Erva-da-Lua, folhas de Mãe-Boa, folhas de Panacéia, folhas de Avenca, folhas ou flores de Rosa Branca ou Vermelha, folhas de Picão-do-Mato, folhas de Chapéu-de-Couro, folhas de Mastruço, folhas de Poejo, Erva-de-Santa-Bárbara, folhas de Unha-de-Vaca.

2ª obs. especial: — Apenas em qualquer combinação que faça dessas ervas, é *imprescindível misturar* cascas do *dente de Alho* (não confundir com a palha com que se fazem as réstias) ou casca *seca de Limão-Verdadeiro.* Após essa defumação (que pode aplicar em si ou em outros irmãos), que deve ser feita com a roupa limpa e de banho tomado, pode-se jogar os restos em qualquer depósito comum, porque o fogo queima tudo, nada fica de negativo.

Adendo: podemos adiantar mais que as raspas do fruto ou da semente de Imburana, as raspas da raiz seca da erva ou mesmo as folhas conhecidas como Dormideira (Sensitiva), as flores e folhas do Maracujá, as raspas do fruto do Bicuíba, as flores e folhas ou sementes do Girassol, usadas *em defumação,* são poderosos revigorantes nervinos e calmantes neurocerebrais ou do sistema nervoso de um modo geral.

Podem ser aplicadas (em combinação de 1, 2, 3, ou todas juntas) *nas horas favoráveis da LUA,* quando à noite, e nas *horas favoráveis do SOL,* quando de dia.

As pessoas nervosas (com esgotamento nervoso, "surmenage") têm, nessa terapêutica das defumações com essas plantas, seguros meios de melhorarem muito, isto é, um poderoso complemento ou auxiliar em seus tratamentos...

Isso porque quase todas as fraquezas nervosas são de fundo psíquico, isto é, morais, emocionais e espirituais (por distúrbios mediúnicos, por atuações espiríticas e mesmo por cargas de baixa magia).

Ora, sabemos que as fraquezas ou os abalos nervosos (mesmo os que são produzidos por excessos físicos, cansaço etc.), começam por *desequilibrar* primeiramente o corpo-astral e é por isso que os seus sintomas principais e mais *deprimentes* são os que martirizam o paciente pelo seu psiquismo, ou seja, pela *qualidade* dos pensamentos negativos que ele passa a gerar, assim como cismas, manias, medos, temores injustificados, angústias diversas a que, normalmente, não ligaria.

Assim é que uma defumação vitalizante, calmante etc., vai impregnar os seus centros nervosos mais sutis — alimentando-os — e que estão, justamente, no seu perispírito ou corpo-astral.

Daí se infere claramente que, além de produzirem, também, uma *limpeza de larvas e outras agregações morbosas astrais,* vai tonificar esses citados centros nervosos mais sutis e mais poderosos, porque são eles que dominam todos os plexos nervosos físicos propriamente ditos na medicina oficial.

Tanto é que, se os responsáveis pelas casas de saúde pudessem experimentar essa terapêutica dos defumadores, veriam que os doentes experimentariam grandes melhoras e muitos deles dali sairiam mais depressa...

RITUAL OU A OPERAÇÃO MÁGICA PARA A IMANTAÇÃO DAS PEMBAS...

A *pemba preparada* funciona, nos trabalhos de Umbanda, como uma espécie de instrumento mágico por excelência...

Porém, as pembas adquiridas nas casas comerciais sem esse preparo, sem essa imantação, são, apenas, pedaços de *giz bruto,* aos quais foi adicionado um corante qualquer, a fim de obterem as cores desejadas...

Não é verdade que tenham vindo da África, que tenham recebido tal e qual elemento de "força da natureza" ou tal e qual poder proveniente de uma química qualquer de tal ou qual localidade... Isso é "força de propaganda" apenas...

Todavia, mesmo assim elas servem para riscar sinais cabalísticos, os chamados *pontos-riscados* e os mais variados símbolos da preferência dos terreiros.

Servem assim ditas como "pembas comerciais", como serviria também qualquer giz de forma comum – tipo escolar...

Porque, se uma *entidade de fato* pegar de um giz (incorporada num médium, é claro), de uma pemba, de carvão ou de um lápis — qualquer um desses elementos se transforma, por força de sua atuação através dos sinais riscados que imprimiu, ou traçou, num *instrumento mágico*. Isso, é claro, nas "mãos" de um caboclo, de um preto-velho.

No entanto, o que vamos ressaltar aqui é a *operação mágica de imantação das pembas* — condição quase desconhecida pelos que se dizem ou se intitulam "pais-de-santo, babalaôs, chefes-de-terreiro, tatas" etc. — que tem seu tríplice valor.

O médium umbandista de fato e de direito deve saber distinguir, perfeitamente, o aspecto Magia ou de força mágica do religioso propriamente dito.

Para isso deve saber mais que certa ordem de trabalhos exige condições especiais e elementos particulares ou afins a certas forças ou a certas operações, não usáveis nas cerimônias puramente religiosas ou espirituais...

Então, ele pode adquirir as pembas nas casas do gênero, porém deve saber prepará-las, pois com magia não se brinca e quanto *maior* for o cuidado com os instrumentos mágicos, *maior segurança, maior efeito...*

Portanto, coerente com nossa linha doutrinária — que é a de elucidar, esclarecer, explicar sempre, para o meio umbandista, vamos discriminar os Rituais Mágicos para Imantação das Pembas...

Isso fazemos, porém, lembramos, ou melhor, *advertimos* com bastante clareza: — estamos ensinando coisas que se aplicam tão-somente à Magia Branca da Corrente Astral de Umbanda, isto é, a essa *força que só pode ser usada ou manipulada para servir ao próximo, dentro da linha da Caridade. Sair desse aspecto para o lado negro é suicídio.*

Nós jamais ensinamos Magia Negra a ninguém; conhecemos esse aspecto a *fundo,* mas os sombrios horrores, os nefandos envolvimentos desse citado aspecto não são *caminho* para quem já possua uma "gota de luz no entendimento"...

Então, vamos reafirmar o seguinte conceito: a pemba, desde que preparada dentro de certas condições astro-magnéticas, tem seu valor triplicado nos trabalhos de ordem mágica...

Deve ser usada para os pontos de autodefesa, de segurança geral, de abertura de caminhos ou de desembaraços diversos, qualquer cruzamento e especialmente nos casos de "desmanchos de trabalhos" oriundos da baixa magia, enfim, para descargas de corrente negativa de qualquer espécie. Então, vamos aos rituais de preparação.

Ritual para o preparo Mágico das PEMBAS BRANCAS OU DE QUALQUER COR, para qualquer entidade — caboclos, pretos-velhos e crianças de qualquer Linha ou Vibração... da Corrente Astral de Umbanda...

a) ter as PEMBAS em estado de virgem (sem uso);

b) ter uma bacia ou recipiente de madeira com um furo nos fundos;

c) colher durante a fase da Lua CHEIA (qualquer dia), em praia limpa, areia do mar (um litro cheio mais ou menos);

d) ter três pedaços de carvão vegetal;

e) ter num vidro a seguinte infusão ou sumos dessas ervas solares: — folhas de Arruda; folhas de Levante; folhas de Maracujá;

f) ter três agulhas virgens (agulhas de coser);

g) verificar pelo "Almanaque do Pensamento" (do ano corrente) quando a LUA entra na fase de NOVA;

h) ter três velas de cera de tamanho regular;

i) ter um pouco da essência ou do perfume de sândalo.

Todo esse material estando pronto, o preparador se inteira do dia em que a LUA entra na fase de NOVA e no dia seguinte, ao *romper do SOL* (quando ele "nasce"), bota a bacia em local exposto a seus raios...

Logo depois, põe dentro da dita bacia uma camada de areia do mar, os três pedaços de carvão virgem e as três agulhas; depois acaba de encher com a areia restante.

A seguir vai colocando a quantidade de PEMBAS que desejar (brancas ou de cores) com mais de metade enterrada na dita areia.

Isto feito, acende as TRÊS BANDAS — caboclos, pretos-velhos e crianças... Nessa ocasião, faz uma firme concentração e pede aos *Gênios da hora,* aos Orixás de LUZ, que imantem as pembas com a *natureza dos elementares,* segundo a sua fé (do preparador), a sua pureza de intenções etc.

Acabando de dizer isso, curva-se e faz três inspirações profundas e lentas e começa a expirar (exalar) para cima das ditas pembas. No intervalo de cada inspiração e exalação (depois de soprar o seu hálito nas pembas) diz a seguinte palavra mágica (tem força de mantras): — A-NA-CA-UAM... lentamente...

Depois disso, as pembas começam a ser banhadas com o perfume de Sândalo, para 15 minutos depois banhar ou ensopar as pembas com o sumo das ervas citadas no item B. Deixar as velas queimarem até a metade. Apagá-las.

À noite, procede à mesma operação, isto é, repete tudo e deixa as velas se acabarem, queimando até o fim...

No dia seguinte, levanta as pembas para a superfície da areia e as deixa secar completamente ao sol...

Obs.: Pode guardar a bacia com seu conteúdo. Servirá para outras preparações. Não esquecer de guardar as pembas em caixa separada e com identificação de imantadas. Agora, atenção: essas pembas não podem ser usadas por médiuns em desenvolvimento nem por pessoas não capacitadas... Outrossim, é claro que o preparador terá que estar de corpo e alma limpos, isto é, não pode ter relações sexuais na véspera desse preparo.

A muitos comodistas parecerá complicado esse ritual e naturalmente darão (como sempre o fazem) preferência comprá-las e usá-las como vêm. Esses são os mesmos cujos "guias" receitam os banhos da casa *tal,* os pozinhos para despertar amor etc. *Isto aqui* não é para esses "comerciais". *Isto* é para umbandistas de fato.

RITUAL DO FOGO — LIMPEZA ASTRAL DO TERREIRO OU A QUEIMAÇÃO FLUÍDICA DE LARVAS

Bem, caro irmão médium — dirigente ou chefe de Tenda de Umbanda e, portanto, responsável direto pela boa manutenção psico-astral dela — você costuma fazer a "limpeza astral" de seu terreiro todos os meses?

Não? Talvez você pense que somente os usuais defumadores de todas as sessões sejam suficientes...

Não! Não são suficientes! E lembre-se: quanto mais você zelar pela harmonia vibratória do ambiente das sessões, tanto melhor...

Lembre-se mais que, durante as várias sessões do mês e segundo a natureza dos casos, das coisas, das descargas que por ali têm seqüência, forçosamente vão se acumulando elementos astrais negativos de toda espécie, assim como larvas fluídicas mentais (dos humanos pensamentos) e astrais, e também outras qualidades de larvas, geradas, projetadas e mesmo "despejadas" no ambiente de seu terreiro, por espíritos inferiores, "quiumbas" etc., muitos dos quais, contrariados por terem sido afastados de pessoas ali socorridas, e como ato de vingança, deixam-nas (a essas larvas que, geralmente, têm a forma de baratas pequenas) em certos recantos, em certas coisas ou objetos quaisquer...

Então se torna necessário que você faça todos os meses essa limpeza astral ou essa "queimação de larvas" fluídicas... sobretudo porque *é em cima de você* que esses "quiumbas", es- ses espíritos contrariados (muitos até autênticos magos negros das trevas) e mesmo as pessoas socorridas vibram ou "despejam" suas condições mórbidas! Certo?...

Portanto, vamos providenciar o *Ritual do Fogo,* para purificar o ambiente, operação essa que se faz da seguinte forma:

a) Todos os meses (ou sempre que julgar necessário), escolha o 3.° dia em que a *Lua esteja na sua fase de CHEIA* (quando ela está vampirizando tudo, sugando a seiva das coisas, ou seja: atraindo tudo e sendo "copulada" pelos elementos ativos da natureza) e numa hora favorável (desse dia) do SOL ou de MARTE (diurna ou noturna). Proceda assim...

b) Escolha 2 médiuns do sexo feminino e 2 do sexo masculino. Prepare, com arame grosso, três hastes ou bengalas desse arame, sendo que, na ponta de cada uma, coloque um chumaço de algodão bem preso. Após, distribua assim: — 2 para os médiuns homens e 1 para o médium mulher. Faça-os embebê-los no álcool e acenda-os (tochas).

Os três médiuns saem percorrendo todos os recantos do terreiro, todas as dependências, "congá", tudo enfim, como se estivessem *queimando* o ar (como realmente estarão), ao mesmo tempo em que o 4° médium, mulher, segue-os fazendo uma vigorosa defumação somente com *cascas de dente de alho,* até saírem pela parte da porta principal do dito terreiro, onde serão (essas bengalas com o chumaço ardente) depositadas no chão, cruzadas e por sobre elas botar o vaso de defumação, até se apagar tudo.

Depois deverão ser cobertas de folhas verdes da planta conhecida como Comigo-Ninguém-Pode e envolvidas com papel para serem encaminhadas, ou aos campos, às matas, a uma água corrente, ao mar ou mesmo a uma encruzilhada de campo. Naturalmente que esse Ritual do Fogo deve ser acompanhado de pontos cantados adequados ao fim, bem como o "congá" deve ser iluminado.

Tudo isso feito assim, é simples, certo, altamente eficiente e indispensável! "Saravá" então às forças do *Bem,* que não desamparam os bem-intencionados...

O TALISMÃ E O SEU VERDADEIRO SEGREDO ASTRO-MAGNÉTICO DE PREPARAÇÃO. DE COMO IMANTÁ-LO PARA USO DIVERSO E AUTODEFESA NO CABALISMO DA ALTA MAGIA DE UMBANDA OS PONTOS NEURO-RECEPTIVOS E NEURO-SENSITIVOS DO CÉREBRO, EM CORRESPONDÊNCIA DE SIGNOS, PLANETAS, ORIXÁS ETC., EM FACE DOS DITOS TALISMÃS E DOS CHAMADOS "AMACYS" DE CABEÇA

Não é preciso nos estender muito sobre o remotíssimo uso dos talismãs. Todos os povos jamais deixaram de ter os seus talismãs ou amuletos. Foram os egípcios que mais aplicaram o valor desses talismãs, até na psicoterapia, pois eram mestres no seu preparo.

Não há tribo ou raça de qualquer parte do mundo que não faça uso de amuletos ou talismãs, desde as mais primitivas formas, as mais elevadas ou científicas...

Assim é que muitos apenas os usam por superstição, outros por sugestão mística ou religiosa e outros, mais pelo aspecto oculto ou kabalístico, mágico etc.

Bentinhos, santinhos, escapulários, rosários, fitinhas bentas, orações etc., são talismãs para o católico; patuás diversos, com pontos riscados, figas e raízes, colares de louça e vidro ou de frutos e sementes e inúmeras coisinhas mais são talismãs para os umbandistas menos cultos ou esclarecidos; dentes e unhas de bichos, figas de osso ou pontas de chifres, pedras etc., também são talismãs para a turma do candomblé; e até o livro, como a Bíblia, é um poderoso talismã para os protestantes...

MAPA DAS CORRELAÇÕES MÁGICAS OU ASTROMAGNÉTICAS PARA IDENTIFICAÇÃO DOS TALISMÃS

Vibrações Originais ou linhas de Orixá	Planetas Afins	Metais Afins	Signos dos Planetas	Natureza dos Signos	As formas geométricas das moléculas das Linhas de Força (correntes astromagnéticas) afins a cada signo dos planetas	O "Ideograma" do chakra ou o ponto kabalístico próprio (Lei de Pemba)...
Oxalá	Sol	Ouro	Leão	Fogo (elementos elétricos ou ígneos)	A de um Triângulo Eqüilátero	O mesmo desenho que está assinalado pela letra B e dentro do triângulo do Talismã do Signo de Leão
Yemanjá	Lua	Prata	Câncer	Água (elementos gasosos ou aéreos)	A de um Octaedro	O mesmo desenho que está assinalado pela letra C, no Talismã do Signo de Câncer
Yori	Mercúrio	Mercúrio	Gêmeos	Ar (elementos gasosos ou aéreos)	A de um Icosaedro	O mesmo desenho que está assinalado pela letra C no Talismã do Signo de Gêmeos e letra C no do Signo de Virgem
			Virgem	Terra (elementos sólidos)	A de um Cubo	
Xangô	Júpiter	Estanho	Sagitário	Fogo (elementos elétricos)	A de um Triângulo Eqüilátero	O mesmo desenho que está assinalado pelas letras C, dos Talismãs dos Signos de Sagitário e Peixes
			Peixes	Água (elementos líquidos)	A de um Octaedro	
Ogum	Marte	Ferro	Áries	Fogo (elementos elétricos)	A de um Triângulo Eqüilátero	O mesmo desenho que está assinalado pelas letras C, nos Talismãs dos Signos de Áries e Escorpião
			Escorpião	Água (elementos líquidos)	A de um Cubo	
Oxóssi	Vênus	Cobre	Touro	Terra (elementos sólidos)	A de um Octaedro	O mesmo desenho que está assinalado pelas letras C, nos Talismãs dos Signos de Touro e Libra
			Libra	Ar (elementos gasosos)	A de um Icosaedro	
Orimá	Saturno	Chumbo	Capricórnio	Terra (elementos sólidos)	A de um Cubo	O mesmo desenho que está assinalado pelas letras C, nos Talismãs dos Signos de Capricórnio e Aquário
			Aquário	Ar (elementos gasosos)	A de um Icosaedro	

Obs.: Veja a seguir o modelo dos talismãs e a explicação mágica para o seu preparo e uso, bem como o esquema dos pontos vitais, ou Correlações Astromagnéticas.

De sorte que TALISMÃ é todo ou qualquer objeto que uma pessoa tenha e use, mantendo sobre ele uma especial corrente de pensamento, quer pelo aspecto sugestivo, religioso, de convicção extra, de fé etc., quanto a seus eventuais efeitos ou influências benéficas...

Esse é o talismã puramente sugestivo, místico e que, naturalmente, também tem o seu valor... Porém, não é esse tipo de talismã que vamos ressaltar aqui. Esse é o comum ou o corriqueiro.

Vamos entrar com o verdadeiro segredo astro-magnético *dos talismãs,* pelo ângulo científico e mágico propriamente dito, segundo a natureza astral vibratória de cada pessoa...

Não vamos nos estender muito sobre os *considerandos;* vamos direto à questão, ou seja, à maneira de como prepará-los ou *imantá-los,* pois são talismãs planetários de verdade e não jóias ou bugigangas de aparência ou vaidade; entram em jogo os *sete metais* próprios à natureza particular de cada planeta que rege o nascimento de cada pessoa, acrescidos de sua natureza cabalística (lei de pemba), com o seu sinal ou *ideograma* próprio...

Todos os ocultistas, magistas etc., devem saber algo da "natureza oculta" dos metais... "que são dotados de certas virtudes terapêuticas, de forças particulares de ação e reação mágica"...

Então firmemos o conceito: — "os *talismãs* astro-magnéticos, preparados sob as condições corretas da Alta Magia de Umbanda, se transformam em poderosos acumuladores de sutilíssimas energias ou forças cósmicas que estimulam os nossos poderes internos, ao mesmo tempo em que captam e projetam vibrações protetoras ou de autodefesa para seu possuidor. Enfim, o talismã aumenta as nossas energias latentes e é um "escudo" de "proteção"...

Portanto, de princípio, estamos apresentando esse mapa, para que o interessado fique conhecendo as suas identificações particulares — de "natureza oculta".

Agora que já foi estudado o MAPA das Correlações, vamos apresentar logo os *desenhos* dos TALISMÃS, com as especificações abaixo, dos materiais necessários, para que não haja dúvidas. A única dificuldade (se é que há) é de o interessado mandar fazê-lo por um gravador etc. Esses não são adquiridos já prontos, conforme os outros que estão à venda como jóias etc. Naturalmente que há talismãs, como o do Signo de LEÃO, que deve ficar caro, porém, tanta gente por aí adquire cocares (de penas multicores) caríssimos, só para exibir o "seu caboclo" etc., com a maior facilidade...

A seguir vocês encontrarão os desenhos discriminativos; é só estudá-los com calma...

Talismã do Signo de LEÃO – Astro SOL. Pela Linha de Força eletromagnética da Vibração de OXALÁ...

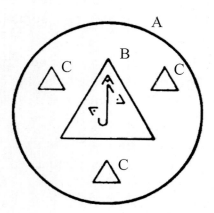

a) Placa do Disco de aço inoxidável ou niquelado com 3, 5 ou 7 cm de diâmetro.

b) Placa de ouro em forma de triângulo eqüilátero, de tamanho relativo e sobre a qual está o relevo (lei de pemba). Essa placa de ouro pode ser chumbada ou colada.

c) Desenhos em baixo-relevo de triângulos.

Talismã do Signo de CÂNCER — Planeta LUA. Pela Linha de Força eletromagnética da Vibração de YEMANJÁ.

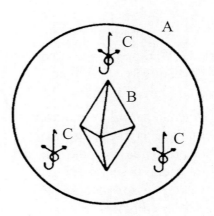

a) Placa do Disco de aço inoxidável ou niquelado, com 3, 5 ou 7 cm de diâmetro.

b) Ao centro um *octaedro de prata* maciça (esculpido, limado, preso ou chumbado), tamanho de acordo.

c) Desenhos em baixo-relevo dos "ideogramas" (lei de pemba).

Talismã do Signo de GÊMEOS — Planeta MERCÚRIO. Pela Linha de Força eletromagnética da Vibração de YORI.

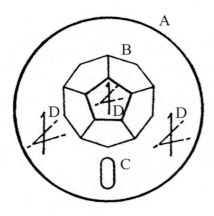

a) Placa do Disco de aço inoxidável ou niquelado, com 3, 5 ou 7 cm de diâmetro.

b) Desenho do *icosaedro* em baixo-relevo (tamanho de acordo), tendo no centro o desenho, também em baixo-relevo, do "ideograma" (lei de pemba).

c) Cápsula de vidro, contendo o mercúrio (ou azougue), tamanho e quantidade relativos.
   * (Ver nota à p. 122)

d) Desenhos dos "ideogramas" em baixo-relevo.

Talismã do Signo de SAGITÁRIO. Planeta JÚPITER. Pela Linha de Força eletromagnética da Vibração de XANGÔ.

a) Placa do Disco de aço inoxidável ou niquelado, com 3, 5 ou 7 cm de diâmetro.
b) *Placa de estanho* em forma triangulada (presa, chumbada ou colada) em cujo centro está o desenho em baixo-relevo do "ideograma" (lei de pemba).
c) Desenhos em baixo-relevo dos "ideogramas".

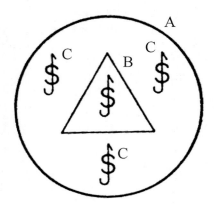

Talismã do Signo de VIRGEM. Planeta MERCÚRIO. Pela Linha de Força eletromagnética da Vibração de YORI.

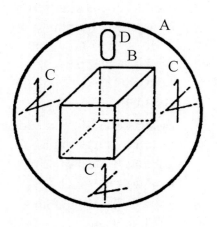

a) Placa de aço inoxidável ou niquelada, com 3, 5 ou 7 cm de diâmetro.
b) Desenho em baixo-relevo de um cubo.
c) Desenhos em baixo-relevo dos "ideogramas" (lei de pemba).
d) Cápsula de vidro, contendo o *mercúrio* (ou azougue), tamanho relativo. * (Ver nota à p. 122)

Talismã do Signo de PEIXES. Planeta JÚPITER. Pela Linha de Força eletromagnética da Vibração de XANGÔ.

a) Placa do Disco de aço inoxidável ou niquelado, com 3, 5 ou 7 cm de diâmetro.

b) *Octaedro em massa de estanho,* preso ao centro (pode ser limado, esculpido etc.), tamanho de acordo.

c) Desenhos em baixo-relevo dos "ideogramas" (lei de pemba).

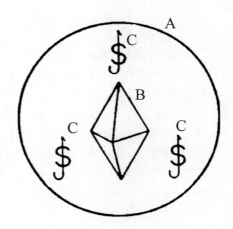

Talismã do Signo de ÁRIES. Planeta MARTE. Pela Linha de Força eletromagnética da Vibração de OGUM.

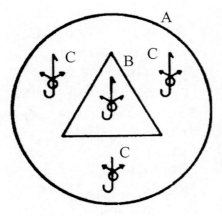

a) Placa do Disco de aço inoxidável ou niquelado com 3, 5 ou 7 em de diâmetro.

b) *Placa de ferro* polido em forma de triângulo eqüilátero, tamanho de acordo (colada, presa, chumbada etc.) e sobre a qual está o desenho do "ideograma".

c) Desenhos em baixo-relevo dos "ideogramas" (lei de pemba).

Talismã do Signo de ESCORPIÃO. Planeta MARTE. Pela Linha de Força eletromagnética da Vibração de OGUM.

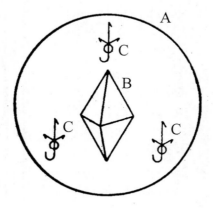

a) Placa do Disco de aço inoxidável com 3, 5 ou 7 cm de diâmetro.
b) *Octaedro de ferro* polido, em massa, tamanho de acordo (para fixar, chumbar, colar etc.), no centro.
c) Desenhos em baixo-relevo dos "ideogramas" (lei de pemba).

Talismã do Signo de TOURO. Planeta VÊNUS. Pela Linha de Força eletromagnética da Vibração de OXÓSSI.

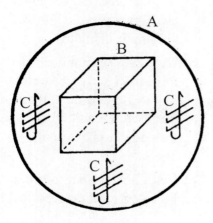

a) Placa do Disco de aço inoxidável ou niquelado, com 3, 5 ou 7 cm de diâmetro.
b) *Cubo de cobre,* em massa limada, polida etc., tamanho de acordo (para fixar, pregar, chumbar etc.) no centro do disco.
c) Desenhos em baixo-relevo do "ideogramas" (lei de pemba).

Talismã do Signo de LIBRA. Planeta VÊNUS. Pela Linha de Força eletromagnética da Vibração de OXÓSSI.

a) Placa do Disco de aço polido, inoxidável ou niquelado, com 3, 5 ou 7 cm de diâmetro.

b) *Icosaedro de cobre* em massa (polida, limada) para pregar, fixar ou chumbar, tamanho de acordo e sobre o qual está um desenho do "ideograma", ao centro.

c) Desenhos em baixo-relevo dos "ideogramas" (lei de pemba).

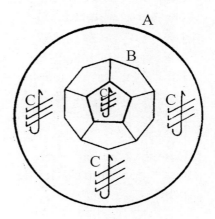

Talismã do Signo de CAPRICÓRNIO. Planeta SATURNO. Pela Linha de Força da Vibração de YORIMÁ.

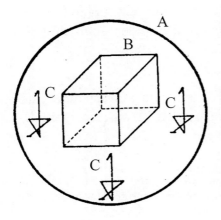

a) Placa do Disco de aço inoxidável ou niquelado, com 3, 5 ou 7 cm de diâmetro.

b) *Cubo de chumbo,* em massa (polida, limada), tamanho que se queira, para fixar, pregar ou colar no centro do disco.

c) Desenhos em baixo-relevo dos "ideogramas" (lei de pemba).

Talismã do Signo de AQUÁRIO. Planeta SATURNO. Pela Linha de Força eletromagnética da Vibração de ORIMÁ.

a) Placa do Disco de aço inoxidável ou niquelado, com 3, 5 ou 7 cm de diâmetro.

b) *Icosaedro de chumbo,* em massa (polido, limado etc.), para fixar ou prender no centro do disco. Tem "ideograma" no centro, em baixo-relevo.

c) Desenhos em baixo-relevo dos "ideogramas" (lei de pemba).

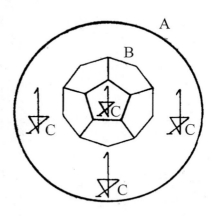

Agora que o interessado já ficou sabendo como pode fazer o talismã como objeto propriamente dito, tendo-o à mão, pronto, vamos dizer como vai imantá-lo, com as forças astro-magnéticas em relação com a alta Magia da Lei de Umbanda. Atenção, portanto: não podemos nem devemos entrar nos profundos detalhes da *razão* ou do *porquê* dos elementos e dessa operação; porém, é o que há de mais verdadeiro em questões de magia prática, útil, simples e eficiente. Então...

a) Colher, numa hora favorável da LUA, quando estiver em sua fase de NOVA, areia do mar, em águas limpas, em quantidade razoável e trazê-la.

---

* Obs.: Somente os talismãs correspondentes ao planeta Mercúrio não podem ter o metal em estado de massa, sólidos; porque, como se sabe, o azougue é metal aquoso, superior aos demais, tanto é que pode penetrá-los e corroê-los. Por isso tem que ser posto numa cápsula de vidro.

Segredos da Magia de Umbanda e Quimbanda 123

b) Depois queimar carvão virgem numa hora favorável de Marte, nessa mesma fase lunar. Logo a seguir, recolher as cinzas.

c) Essas coisas estando à mão, aguardar a passagem da Lua de sua fase de *cheia para minguante* (que é quando o fluido lunar *concentra* verdadeiramente a *seiva* ou seu eletromagnetismo na *raiz das coisas* ou dos vegetais e dos metais, também... Operação essa que pode ser feita com calma, visto essa *passagem* durar mais ou menos duas horas, que é quando os 5 tatwas perfazem um ciclo de mudança de 2 horas) para poder misturar esses dois elementos: cinza e areia do mar.

d) Escolher para fazer essa mistura quando o tempo estiver bom, sem chuvas etc., e em recipiente de vidro ou louça colocar a areia e a cinza.

e) A seguir, colocar nesse recipiente, e coberto com a tal mistura, o Talismã que já deve estar pronto e naturalmente é o correspondente ao Signo do interessado...

f) Ao mesmo tempo que o interessado já providenciou o que acima está ensinado, deve ter também o sumo dessa planta que chamam de Dormideira (Sensitiva), em raiz, folhas etc., e colocá-lo dentro do copo, bem cheio, que deve ficar em cima da areia, tendo naturalmente o talismã enterrado, por baixo. Deixar então tudo isso em local conveniente, pois vai ficar ao relento três dias. Também não esquecer de iluminar esse "preceito mágico", com três luzes de lamparina, na intenção das forças afins à pessoa ou para a Corrente Astral de Umbanda.

g) Logo ao romper do Sol, na manhã seguinte, dirigir-se ao local, em jejum, e virar-se para o Oriente ou para o lado do Sol, retirar o talismã, pô-lo entre as duas mãos, e colocar o pé direito em cima da areia (pôr o copo com o sumo da erva de lado) e fazer o seguinte ato respiratório: sete respirações profundas, sendo que, no ato de expelir o ar, fazê-lo pela boca para cair em cima do talismã que está entre as mãos...

Essa respiração, que consta de dois tempos, deve ser feita assim:

— na fase da inalação (narinas), à proporção que for enchendo de ar os pulmões, deve ir mentalizando fortemente a *letra I,* como se a estivesse sibilando no ato de absorver o ar. Manter o ar preso por segundos.

Depois expeli-lo lentamente pela boca em dois tempos:

— na primeira parte desse ato de *expelir* o ar, faça-o *ciciando* a sílaba ci e, na fase final desse sopro, como se estivesse soprando a letra o, para que a força final dessa expiração recaia toda sobre o talismã que está entre as mãos. Então é claro que, nessa operação, usou 7 vezes o termo *ICIÓ* (mantra).

Repetir essa operação descrita 3 dias, ou seja, 3 manhãs, ao *romper do Sol.*

Agora, cada vez que terminar essa respiração, esse sopro, repor o talismã no recipiente, coberto da mesma mistura, e apanhar o copo com o *sumo da erva* e molhar o talismã, por cima da areia. Repor o copo em cima, com o resto do sumo, que deve dar para 3 vezes.

Ao findar essa imantação de 3 dias, retirar o talismã, que está pronto para ser usado. Pode conservá-lo no bolso do lado direito do corpo, ou usá-lo com uma corrente no pescoço. Quando for dormir, conservá-lo de lado, em cima de uma mesinha, com um copo de água perto.

Estamos dando ainda um esquema de correlações etc., para outras aplicações mais profundas desses talismãs individuais:
— uso psico-astral magnético.

Em qualquer situação difícil, levar o talismã à *zona apropriada* de seu Signo, concentrar e pedir proteção às forças afins. Sendo que esse contato com a dita zona se faz segurando o talismã com três dedos: polegar, indicador e médio, da mão direita. Isso somente nas zonas assinaladas por LETRAS, em número de 12.

Essas 12 zonas também são próprias para receber os chamados "amacys" de cabeça, cujos sumos de ervas devem ser friccionados suavemente nelas, isto é, na zona *identificada pelo Signo do médium ou iniciando,* no ato dessa cerimônia...

E quanto aos pontos correspondentes aos números de 1 a 5, o contato dos talismãs sobre eles obedece às discriminações indicadas em cada um. É bastante a pessoa se recolher a um ambiente calmo e aplicar o dito contato com *o seu talismã,* invocando ou orando às suas forças afins ou para a Corrente Astral de Umbanda.

E é só, o desenho da cabeça e o esquema dizem tudo. Estão logo na outra página.

• • • • • • • • • • • • • • • •

Obs. final: Essa mistura de areia e cinza que foi usada no preparo astro-magnético do talismã deve ser enterrada, para se misturar com a própria terra...

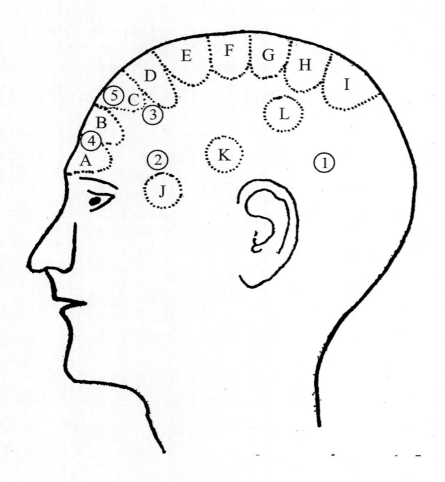

Esquema das correlações astromagnéticas sobre zonas neuro-receptivas, para uso prático dos talismãs, dos denominados "amacys" etc.

Ponto A: — corresponde a certa ZONA neuro-receptiva ou magnética do nativo de LEÃO (Astro SOL — Linha de OXALÁ).

Ponto B: — corresponde a certa ZONA neuro-receptiva ou magnética do nativo de GÊMEOS (Planeta governante MERCÚRIO — Linha de YORI).

Ponto C: — corresponde a certa ZONA neuro-receptiva ou magnética do nativo de VIRGEM (Planeta MERCÚRIO – Linha de YORI).

Ponto D: — corresponde a certa ZONA neuro-receptiva ou magnética do nativo de AQUÁRIO (Planeta SATURNO – Linha de ORIMÁ).

Ponto E: — corresponde a certa ZONA neuro-receptiva ou magnética do nativo de PEIXES (Planeta JÚPITER — Linha de XANGÔ).

Fonto F: — corresponde a certa ZONA neuro-receptiva ou magnética do nativo de SAGITÁRIO (Planeta JÚPITER — Linha de XANGÔ).

Ponto G: — corresponde a certa ZONA neuro-receptiva ou magnética do nativo de CÂNCER (Satélite LUA – Linha de YEMANJÁ).

Ponto H: — corresponde a certa ZONA neuro-receptiva ou magnética do nativo de ÁRIES (Planeta MARTE — Linha de OGUM).

Ponto I: — corresponde a certa ZONA neuro-receptiva ou magnética do nativo de TOURO (Planeta VÊNUS — Linha de OXÓSSI).

Ponto J: — corresponde a certa ZONA neuro-receptiva ou magnética do nativo de ESCORPIÃO (Planeta MARTE – Linha de OGUM).

Ponto K: — corresponde a certa ZONA neuro-receptiva ou magnética do nativo de CAPRICÓRNIO (Planeta SATURNO — Linha de ORIMÁ).

Ponto L: — corresponde a certa ZONA neuro-receptiva ou magnética do nativo de LIBRA (Planeta VÊNUS – Linha de OXÓSSI).

Ponto 1: — ZONA de estímulo neuro-sensitivo ou psíquico para combater a cólera, o ciúme, o ódio etc. (contato somente do lado esquerdo).

Ponto 2: — ZONA de estímulo neuro-sensitivo ou psíquico para reavivar a memória, as lembranças etc. (contatos quer à esquerda, quer à direita).

Ponto 3: — ZONA de estímulo neuro-sensitivo ou psíquico para combater a tristeza, a melancolia (contato somente do lado esquerdo da cabeça).

Ponto 4: — ZONA de estímulo neuro-sensitivo ou psíquico para firmar a concentração, a meditação (contato frontal).

Ponto 5: — ZONA de estímulo neuro-sensitivo ou psíquico para "fortalecer a vontade, combater as depressões" etc. (contato frontal).

"É FORÇA DE PEMBA... SIM SINHÔ"

É força de pemba... é Lei
Se errou... se extraviou...
Ninguém pode dá caminho
Ninguém pode dá malei...

Só quem pode dá malei
É "preto-véio" de seu "congá"...
Assim mesmo é preciso
Que se endireite e volte cá...

Esse *ponto* nós o ouvimos (e jamais o esquecemos) de um certo "preto-velho", num antigo e extinto terreiro de um amigo e irmão de lei (já falecido) — médium de fato e de direito, numa ocasião memorável...

Resumamos o caso em foco, para podermos dizer ou dar, positivamente, certos conselhos a *certos médiuns...*

"Preto-velho" estava firme no "reino" (o aparelho era bom mesmo — incorporava bem)... Desde que chegou, foi cantando... tirando sempre esse ponto acima...

Os "cambonos", gente viva de idéia, traquejados, foram logo após algum tempo certificar-se do *porquê* desse ponto, com "preto-velho"...

Ele balançou a cabeça pra lá e pra cá, deu umas fumaçadas com seu "pito" e disse, usando o *linguajar de guerra,* mais familiar a todos os entendimentos: "— uai gente, suncês nun tão alembrado daquele fio daqui, o Fulano".

Eles então logo lembraram desse caso e responderam: — "estamos *sim,* meu velho"...

E "preto-velho" logo retrucou: "— Pois bem! — Zi Fulano vem pur aí, tá case chegando nesse congá de preto-véio..." E acrescentou: " — óia, fios, arrecebam ele bem, oviro..."? E pôs-se a repetir esse ponto acima grafado...

Abramos um parêntese ligeiro, para recordarmos o tal caso de Fulano...

Como tantos outros em outros terreiros, nesse apareceu um filho-de-fé, doente, aflito, cheio de mazelas e confusões, principalmente na parte mediúnica espiritual, porque realmente era médium (dentro de seu grau) e vinha sofrendo mais por falta de apoio e boa orientação.

"Preto-velho" cuidou, tratou, reafirmou suas condições mediúnicas, enfim, levantou-o de todo...

Depois de muito tempo — já firme — fez o seu *batismo de lei,* ato que implica um juramento espontâneo, consciente da lealdade à faixa espiritual que o acolheu, zelou e levantou...

Mas — é o caso corriqueiro de centenas e centenas de médiuns ou de irmãos que procedem assim — a certa altura começou a se envaidecer e a ter ambições próprias de chefiar; tornou-se um tanto ou quanto arrogante, olhando os outros com superioridade...

Começou a criar casos. A fazer sessões por conta própria em sua casa, na casa dos outros médiuns mais ingênuos etc. A "ovelha" estava se desgarrando do "aprisco"...

Aconteceu o que, forçosamente, acontece nesses casos... Um choque hoje, outro amanhã e o ambiente do terreiro vai ficando "irrespirável" para o tal médium e ele lá se foi... Não obstante os conselhos de "preto-velho" — aos quais não deu muita importância, porque pensava "estar seguro, pois também não tinha seus protetores"?.

Nesses casos — repetimos — que acontecem em profusão e não há Tenda que não se queixe disso, o *médium extraviado* segue sempre *dois caminhos:* ou abre terreiro por conta própria ou começa a *correr gira* — de terreiro em terreiro... Pois ele quer exibir seus "protetores", suas artes mágicas...

Com esse aconteceram as duas coisas e nada deu certo para ele (como não tem dado para os outros também – se saíram de uma gira digna, honesta, sincera)...

O terreiro que abriu, acabou fechando (quando não acaba fechando é porque descambou ou para o animismo estilizado ou para o vale-tudo) de tantos e tantos "estouros" e contratempos astrais, intrigas e outras *coisinhas mais...*

Daí começou a ficar *desconfiado...* e se auto-interrogava de consciência pesada: " — será que é força de pemba"?. Quanto mais pensava, mais adquiria essa certeza. Mudou. Foi "correr gira"... Foi se apegar com outros...

Não deu certo... E iniciou uma romaria de terreiro em terreiro. Fez preceitos de toda ordem (sim porque acabam caindo mesmo "nos tais terreiros que de umbanda só têm o nome" – até "camarinha" fazem), firmou "cabeça", *fez o santo* várias vezes. Nada. Aqueles contatos positivos que tinha lá no terreiro de "preto-velho" que ele traiu... sumiram como por encanto.

As antigas confusões voltaram... Na vida, no lar, nos negócios etc. Aí ele medrou mesmo de verdade... "Será força de pemba, meu Deus?", — ruminava ele, dia e noite, com sua mente apavorada, sugestionada, perturbada...

Ainda suportou muito, por causa de sua vaidade, "de não querer dar o braço a torcer"... pensando na humilhação da volta...

Porém, acabou sendo mesmo aconselhado por outrem que já tinha passado por essa situação e decidiu-se...

Foi quando — nessa noite — resolveu voltar, assim como quem estava com saudade... Querendo rever os velhos companheiros de lá...

E "preto-velho" cantava... sabia e cantava... esperando (ah! velho de fato e de direito!)... quando apareceu ele – a "ovelha transviada". Desconfiado, "cabreiro", como se diz na gíria de terreiro...

Todos os companheiros antigos ficaram alegres (já estavam preparados), encorajaram-no apontando para o "preto-velho": " — olha, Fulano, — o velho tá te esperando..."

Emocionado, aproximou-se da entidade amiga, ajoelhou-se e não disse nada... Não tinha o que dizer, ou melhor, disse tudo nesse gesto de ajoelhar...

"Preto-velho" disse para ele — lembramos bem: " — Levanta, meu fio, só se ajoeia quando se reza pra Zamby ou pra Oxalá e esse 'preto-véio' não é merecedor disso".

Deu-lhe o "malei" que pedia; vários conselhos de conforto e voltou com outro pontinho (indefinível para muitos dos que ali estavam), com a mão por cima de sua cabeça. Ei-lo:

"Na ladera de pilá

É... tombadô...

Bota fogo ni sapê

Pra nacê ôta fulô..."

Foi quando o médium arrependido não pôde e desabafou, emocionadíssimo: " — eu sei, meu velho — *foi força de pemba... sim sinhô..."*

(Significado oculto do pontinho que o tal médium logo aprendeu: — "na ladera de pilá", quis dizer: "no caminho da vida espiritual-mediúnica"

"É... tombadô...", quis dizer: "caiu, derrapou, se extraviou, errou" etc..

"Bota fogo ni sapê", quis dizer: "destrua suas mazelas morais, psíquicas, suas vaidades, seus erros".

"Pra nacê ôta fulô", quis dizer: "regenerar para criar outras forças novas, forças espirituais, morais etc.").

Assim, extraindo desse caso o saldo moral, vamos dar alguns conselhos, nesse sentido. Cremos ser oportuno.

a) Irmão médium: — se você anda por aí, às tontas, fazendo "cabeça", se enterrando cada vez mais de "terreiro em terreiro" — não continue assim; volte para a sua Tenda, de vez que você sabe que ela é digna, se pauta na linha justa da caridade, da moral, da humanidade e da sinceridade. Por que fez isso? Cuidado! Você está prestes a entrar, se já não entrou, "na força de pemba... sim sinhô"...

b) Irmão médium — você que saiu de sua Tenda ou terreiro, "fofocando" (desculpem o termo), cheio de vaidade, pensando ser o tal e até difamando o seu médium- chefe ou dirigente — cuidado com a "força de pemba... sim sinhô"!... *

c) Irmão médium – você foi causa de quizília, conscientemente, em sua Tenda e de lá saiu, cheio de empáfia, pensando já ter os *conhecimentos de lei* "pra abrir terreiro ou agrupamento"?...

Você provocou *cisões* — por causa dessa sua imbecil vaidade? Pois saiba: você semeou maus ventos e vai colher tempestades... se já não as colheu!...

Você foi desleal e ingrato? Se você *foi isso* e o fez em gira de "preto-velho", você vai ver o que "é força de pemba... sim sinhô"...

Traição, ingratidão, deslealdade, difamação, não têm perdão — assim como você pensa! Cuidado! "É na força de pemba... sim sinhô"... que você vai ver quanto está lhe custando ou vai custar tudo isso...

Quizílias (que você semeou no terreiro) em família? Abandono de amigos e traições? Choques morais? Também podem lhe acontecer, porque "força de pemba... é lei"... não "dorme" não senhor...

---

*Essa expressão é muito conhecida e citada no meio. Ela significa uma espécie de *disciplina* imposta pelo guia ou pelos protetores afins e responsáveis pelo médium da Corrente Astral de Umbanda, quando ele se *extravia,* quando erra, por causas diversas...

Você abriu terreiro? Com que ordens e direitos de trabalho? Cuidado com o astral inferior que, na certa, já sabe que você é faltoso, está errado e com toda certeza já o *envolveu* e deu-lhe alguns "tombos"...

Você caiu, machucou-se, quebrou costelas, pernas, pés etc.? Pensa que foi mero acidente? Coitado!... Isso "é força de pemba... sim sinhô"... que o baixo astral aproveita pra lhe judiar — pois você está "desguarnecido", essa é que é a verdade...

Quem mandou trair os sagrados compromissos que assumiu com "preto-velho"?...

"Preto-velho" é a Lei — representa as Ordens e os Direitos de Trabalho da Sagrada Corrente de Umbanda... Mas não é mau, nem castiga diretamente; mas sabe que "força de pemba... é a Lei" que você infringiu, traiu e que tem de processar o seu curso de ação e reação normal, ou seja: — o que semeares, isso colherás...

E seus "guias e protetores"? — Na certa que você pode pensar que lhe estão dando cobertura. Qual!

Você está nessa altura é mesmo com um belo "quiumba", matreiro, velhaco, sugando-o, envolvendo-o, dominando-o... isso sim!

Guias e protetores de fato não acobertam erros, vaidade, quizília, ignorância e deslealdade...

Obs.: Isso tudo não tem *endereço certo*. É pura doutrina. É recado do astral que estamos dando. Nós não temos casos especiais que nos tenham abalado a esse ponto. Nós estamos acima disso... Graças a Deus. Somos completamente indiferentes a certas "águas passadas"...

Quando se diz que o médium faltoso está "pembado" é porque ninguém pode dar jeito na situação dele (ninguém quer botar a mão na cumbuca); nenhum Guia ou Protetor de outra "gira" pode interferir, socorrê-lo... Pois "é força de pemba" mesmo que ele está enfrentando, é a lei interna moral-espiritual que infringiu e portanto... está sendo disciplinado...

Essa disciplina, às vezes, é sutil, porém, segura... O médium *errado* leva anos até debaixo dela, enfrentando certos impactos, certos tombos duros, de um lado e de outro, sem se aperceber de que está "apanhando", mesmo porque "força de pemba é lei... sim sinhô"...

Muitos médiuns, de acordo com a gravidade de seus erros e com a dureza de seus corações, vão até ao suicídio... como já tem acontecido por esses "congás" afora...

SOBRE AS ENCRUZILHADAS DE RUAS, OS CEMITÉRIOS E OS CHAMADOS CRUZEIROS DAS ALMAS DOS MESMOS

Revela lamentável falta de entendimento ou total ignorância das mais simples regras da Corrente Astral de Umbanda a criatura que se diz ou que pretende ser umbandista praticante, quando faz os chamados "despachos" para Exu nas encruzilhadas de nossas ruas...

Muitos, ao procederem assim, ou não têm consciência do mal que estão fazendo – do que duvidamos muito – ou estão cegos pelo *"fanatismo tradicional"* de certos "terreiros" que os induzem a levar oferendas para Exu nas encruzilhadas de ruas.

Já o dissemos e reafirmamos agora, em alto e bom som, que *Exus de Lei,* guardiães ou cabeças *de legião,* não fazem o seu "habitat vibratório" nesses ambientes, isto é, não *operam* diretamente nessas encruzilhadas.

É preciso lembrarmos mais uma vez que, quem *opera,* quem infesta esses lugares, são as diversas classes de espíritos atrasados, dentre os quais os chamados *quiumbas* – esses grandes marginais do astral...

É necessário sempre se ter em mente que as encruzilhadas de ruas são verdadeiros sugadouros das mais diversas ondas de pensamentos, mormente as negativas de toda espécie, pois que são pontos onde as criaturas passam por caminhos que se cruzam, criando e alimentando assim um constante cruzamento vibratório de pensamentos que se repelem ou se atraem, por afinidades, e por

Segredos da Magia de Umbanda e Quimbanda 137

causa disso mesmo são *escolhidas* as *encruzilhadas* como os *pontos de concentração* preferidos pelo que há de mais baixo no astral inferior...

E para darmos mais um simples exemplo de relação, é bastante lembrarmos que em quase todas as encruzilhadas de ruas existem botequins nas suas esquinas, isto é, casas onde se ingerem bebidas alcoólicas, embriagam-se, brigam e proferem palavrões etc.

Já por aí se vê que a formação vibratória desses ambientes tem, forçosamente, que ser *baixa*.

Espíritos viciados, perturbados, odientos, vingativos, brigões, enfim, tudo quanto se pode qualificar como *marginais do astral* dos mais inferiores planos e condições, procuram ávidos esses *pontos de concentração* — chamados encruzilhadas de ruas — para vampirizar, perseguir e saciar desejos, bem como atacar, perturbar e seguir os encarnados que por ali passarem de "portas abertas", isto é, dentro de condições vibratórias afins. Assim é que, quando se bota um desses tais "despachos", aí é que eles vibram de contentamento, porque caem vorazes em cima da oferenda e *marcam* logo a aura ou o corpo-astral do infeliz ofertante, para segui-lo e daí poderem se insinuar sutil e seguramente em seu psiquismo, a fim de sugerir-lhe, sempre que desejarem, mais oferendas, ou seja, mais "despachos" etc. Não largam mais a presa e acabam fazendo do pobre e ignorante ofertante um escravo.

Portanto, cremos que ficou bastante claro e compreensível que não é nesses ambientes de encruzilhadas de ruas que o *verdadeiro Exu* "habita" ou tem seu "campo vibratório de trabalho", sabendo-se que o *Exu de Lei* (assim como o Sete-Encruzilhadas, o Marabô, o Tranca-Ruas, o Tiriri, a Pomba-Oira e outros, tão difamados e vilipendiados pela ignorância e pela maldade dos maus filhos-de-fé) cumpre uma *função kármica*. Não é nenhum espírito boçal, ignorante ou atrasado, no sentido que lhes emprestam, pois muitos desses Exus citados já foram, em encarnações passadas, até reis ou altas personalidades, na ciência, na política, no militarismo e até grandes sacerdotes num passado longínquo. O porquê de terem *decaído* ou se colocado nessas condições kármicas, só eles é que sabem, ou melhor, só quem pode responder a isso corretamente são os Tribunais do Astral, que os colocaram nessa faixa, ou nessa função, porque, não resta a menor dúvida, são grandes magos negros, têm conhecimentos poderosos nesse mister... E naturalmente a eles está afeto o trabalho de controlar, frenar as variadas legiões de marginais do baixo astral...

Assim é que, se um necessário *trabalho* não for encaminhado *através deles* — os *Exus de Lei,* esses que estão (repetimos) dentro de uma função kármica, não tomam *conhecimento direto* por nenhuma oferenda posta nessas encruzilhadas de ruas, a não ser que, em condições excepcionais, peçam que ali sejam depositadas.

Fora disso, botar oferendas nesses locais é alimentar o astral-inferior e viciado que não faz nada e ainda fica em cima do infeliz que assim procede, rondando-o e instigando-lhe a mente com sutis sugestões, para que ele volte sempre a esses ambientes, com os mesmos tipos de oferendas.

A mesma coisa acontece com os ambientes dos cemitérios, porém, a *coisa* por ali assume de fato aspectos perigosíssimos. Vamos clarear aqui os entendimentos, porque, depois de se ler isso, achamos difícil uma criatura, conscientemente, fazer "trabalhos" ou oferendas nos cemitérios ou nos seus cruzeiros, ditos das almas...

Bem — dentro do que há de mais certo, de mais positivo nos ensinamentos ocultos ou esotéricos de todas as correntes e, principalmente, da nossa —, os *cemitérios* são considerados como *verdadeiros depósitos* de larvas, cascões astrais, matérias em decomposição, odores e gases internos, formando tudo isso uma espécie de ambiente astral altamente negativo e afim ao que há de mais *trevoso* no baixo mundo astral.

Além disso, são locais que, pela sua própria condição ou finalidade, absorvem e concentram pensamentos ou ondas mentais inferiores, assim como de tristeza, de saudades e prantos, de desespero e de agonias várias, dos humanos seres que para ali acorrem em visita a "seus mortos".

Segredos da Magia de Umbanda e Quimbanda 139

Ora, não só é do conhecimento dos iniciados umbandistas, bem como o é de todos os magistas e ocultistas de *fato,* que, pelos cemitérios, *habitam ou fazem pouso* três classes principais de espíritos, duas das quais das mais baixas condições...

No primeiro lugar (ou classe) vamos citar a dos espíritos perturbadores por várias causas e que, pela natural inferioridade de seus entendimentos, costumam ficar assim como que "presos" a seus cascões astrais (que podemos considerar como uma espécie de *emanação* do que resta de seus corpos físicos, aos quais eles se aferram, alimentando, assim, pelas ondas repetidas de pensamentos emitidos com a persistência deles junto ao local das sepulturas, a *consistência fluídica* que dá formação a esses citados "cascões"...).

Nessas condições, podemos considerá-los como (no linguajar comum aos terreiros) "almas penadas", aflitas, desesperadas, suicidas, homicidas, enfim, a todos que, por violentas perturbações psico-espirituais, ainda não se libertaram dessas ditas condições e permanecem nesses locais... Até serem libertados pelos *grupos de socorro especializados nesse mister no mundo astral* ou pelos nossos Guias e Protetores da Corrente Astral de Umbanda...

Esses espíritos vivem *penando* por ali e são "presas" fáceis nas mãos de outra *classe* de espíritos que costumam conduzi-los para todos os fins e que na gíria de Quimbanda são denominados de "rabos de encruza" ou como nós chamamos na Umbanda propriamente dita — "Exus-Pagãos"... do 1.º e 2.º ciclos.

Então, vamos qualificá-los como a 2ª classe. Sobre esses "rabos de encruza" ou "Exus-Pagãos", vamos falar com certo cuidado. Não podemos nem devemos "abrir muito o campo" para que disso não se aproveitem nossos irmãos "quimbandeiros encarnados"... que andam à "espreita" de como penetrar nesse "mistério"...

Esses "rabos de encruza" são os verdadeiros intermediários dos Exus de Lei – os cabeças de legião – para esse meio, isto é, para o meio dos outros espíritos que vivem e agem nesse "campo vibratório" chamado de "morada dos mortos" ou cemitérios...

Bem como só saem dali para "gravitarem" nas "órbitas" das encruzilhadas de ruas, por isso mesmo é que tomam a denominação — de "rabos de encruza" — e o fazem à cata dos *restos dos despachos* ou das oferendas, de mistura com os "quiumbas" e muitas vezes, a serviço dos próprios Exus-Guardiães...

Esses Exus-Pagãos, quando no l.º Ciclo da fase de elementais, nem nome têm, nem procuram tomar uma identificação própria.

Só começam a se preocupar com isso quando já no 2.º Ciclo da fase de elementais. Aí é que se fazem conhecer (de acordo com suas afinidades) como Exu-Caveira, Porteira, Exu-das-Almas, Exu-Cruzeiro etc., ou, em sentido genérico, como a "legião dos omuluns"...

Porque, convém lembrarmos, no 3.º Ciclo ou na fase final dessa função ou *condição kármica,* estão situados os Exus-Guardiães — cabeças de legião...

Existe uma forma especial de lidar com esses Exus-Pagãos. Existe uma maneira apropriada de se ofertar para eles. Existem pontos riscados especiais, aos quais eles obedecem. Isso é "segredo de magia" dos Exus-Guardiães, dos Guias e Protetores e de raros iniciados umbandistas — médiuns que têm realmente *ordens e direitos de trabalho.*

Sobre isso nada podemos adiantar. O que podemos dizer é que eles são *terríveis*. São, realmente, os "executores diretos" de *certos trabalhos* pesados de baixa-magia. São os *arrebanhadores diretos* dos espíritos que discriminamos como da lª Classe ou das "almas penadas"...

Portanto, não é negócio, não é aconselhável se lidar com eles sem a *cobertura* dos Exus-Guardiães ou sem a ordem ou a direção dos Guias e Protetores — nossos caboclos e pretos-velhos...

Eles são tão terríveis e astuciosos que qualquer "despacho ou oferenda" que se faça nos *cruzeiros dos cemitérios,* cai logo na faixa deles, pois fazem imediatamente o "cerco" sobre os humanos ofertantes para tirar proveito.

E ai dos médiuns ou pretensos médiuns, ditos "babás de terreiro", que forem useiros e vezeiros nessas práticas! Se, realmente, não recuarem ou forem socorridos em tempo — podem se considerar escravizados a eles...

Mormente quando a criatura praticante faz o tal despacho pretendendo o *mal de alguém!* Aí é que eles tomam conta mesmo do infeliz encarnado ofertante. Acompanham-no, tomam pé e o envolvem de tal maneira, se infiltram de tal forma em suas ações psíquicas que acabam fazendo dele um "farrapo humano", prejudicando até os que, ingenuamente, estão em torno dele ou os que seguem a sua orientação.

Agora vamos falar da 3.ª classe que supera tudo o que dissemos sobre os outros – a dos *espíritos vampiros,* ou melhor, pelo linguajar de guerra de nossos pretos-velhos... "das hienas do baixo mundo astral"...

Esses vampiros ou hienas do baixo mundo astral são o que na interpretação simples dos terreiros se chamam *"omuluns"*... (os quais dizem chefiar a linha das almas" – fazendo referência a essa citada primeira classe: almas penadas, aflitas etc., o que é um conceito errôneo).

Até nos "treme" a pena, ao nos prepararmos para levantar mais esse véu ou essa questão, muito embora o façamos da maneira *mais leve possível.* Porém, temos que o fazer no inadiável dever do esclarecimento e também no propósito de tentar a salvação de irmãos que, cegos pela ignorância, por ali trafegam com "seus despachos", sem saberem que, com a repetição dessas práticas, estão assinando suas "sentenças kármicas", pois que ficam comprometidos, "presos" a esses *sugadores infernais* e quando desencarnarem, serão mesmo *sugados* para certas regiões ou "antros de trevas" do astral inferior", por esses vampiros ou por essas hienas a quem eles tanto *alimentaram* com oferendas grosseiras...

Pois que esses espíritos vampiros não são nem o que podemos considerar como os citados Exus-Pagãos, dos 1º e 2º ciclos de evolução na faixa vibratória dos Exus de Lei...

São, em realidade, seres espirituais que, por circunstâncias que fogem completamente a uma explicação cabível nesta obra, nem ainda encarnaram uma só vez... Não têm nem um "corpo-astral" ainda aplicável ao Reino Hominal.

Vivem e se "alimentam" dos odores ou das putrefações cadavéricas e sentem irresistíveis desejos pela *vida carnal,* bem como por todo tipo de oferenda pesada, que leve *sangue, carnes, álcool* e coisas similares...

Infelizes, desgraçados dos praticantes de baixa magia que botam esse tipo de oferenda nos cruzeiros *dos* cemitérios ou mesmo dentro deles ou nos portões...

Vão provocar a "luxúria", os desejos mórbidos desses vampiros e vão também perturbar mais ainda essa 1ª classe — dita como das "almas penadas"...

Vão provocar reações tão tremendas neles e em torno de si, nos seus ambientes de trabalho, no lar etc., isto é, em seus familiares, sem falar no ambiente de seu próprio terreiro — caso seja ele um desses tais "chefes-de-terreiro".

Então, se for médium mesmo, vai sofrer tremendos impactos fluídicos de larvas sobre sua aura ou seu perispírito (corpo-astral) que, em conseqüência, seus fluidos neuromediúnicos decairão tanto, a ponto de os perderem completamente ou se reduzirem a 20 ou 30% de sua vitalidade mediúnica. Há, em linguagem mais simples, uma queda fatal na mediunidade de quem realmente a tenha...

Para darmos apenas mais um simples exemplo, podemos afirmar com toda a certeza que, *se a criatura médium* for apenas uma vez a esses locais para fins de tais trabalhos — ligados a esses tipos de oferendas, pode procurar imediatamente os socorros espirituais de uma boa Tenda de Umbanda, porque, senão, vai ver o que acontecerá para o futuro em sua vida...

E se o *médium ofertante for mulher,* o caso então assume outros aspectos. Eles — as hienas do baixo astral — têm uma *tremenda atração pelo sexo feminino,* por causa do catamênio (fluxo menstrual) e se infiltram por suas sutis correntes nêuricas que têm ligação e que provocam o citado *fluxo menstrual* ou sangüíneo e não saem mais da *faixa da infeliz médium.*

Daí começa a aparecer nela — a mulher médium praticante dessas coisas — uma série de distúrbios imprevisíveis e de "estouros" de toda espécie, inclusive incuráveis doenças útero-ovarianas e acentuado *histerismo*. Assim, em conseqüência, é comum acontecer os desmantelamentos dos lares, os amantes, enfim, *vem a decaída, a queda fatal...* Pudera! Ela está sendo "trabalhada", sugada, impulsionada e não sabe disso!...

E se a pobre médium for uma dessas tais "babás de terreiro" que vivem da indústria dos "despachos" para os cemitérios e lá comparecer na fase de sua menstruação ou mesmo quando já estiver com os sintomas precursores dela, então... Nem é bom dizer o resto...

Mas — então? Estamos "proibindo" realizar "trabalhos" por ali? Não! Longe disso! O que estamos é alertando para certos tipos de "trabalhos", dentro de certas condições e para certos fins, por quem não tem *ordem e direitos de trabalhos,* por quem não tem competência, por quem não tem os conhecimentos indispensáveis dentro da linha justa da caridade, quando o caso requer a penetração nesses ambientes...

Em suma: só se devem *fazer certos e necessários trabalhos nesse setor* quando a ordem parte de uma entidade mentora, de um Guia, de um Protetor, isto é, de um caboclo ou preto-velho de verdade, que se responsabiliza e sabe como manda, como faz e como encaminha o dito trabalho. Porque ele faz a cobertura espiritual, toma precauções especiais, quer por cima, quer por baixo. Fora disso, é suicídio mediúnico, espiritual ou kármico!...

E finalmente: para demonstrarmos que nosso caso (ou missão) é esclarecer, guiar etc., vamos dar algumas das principais precauções que o médium-umbandista deve tomar, quando, por alguma circunstância ou mesmo para fim de algum trabalho necessário de *ordem Superior* e na linha justa de uma descarga ou obrigação de caridade, tiver de penetrar nesses locais — cemitérios...

a) Ao sair da Tenda ou de sua casa, acenda uma lamparina (iluminação pelo azeite) em louvor de sua Entidade de Guarda; faça suas orações de firmeza e ponha um copo com água ao lado. A luz da lamparina deve permanecer até se acabar todo o azeite. A água do copo deve ser despejada (depois) numa planta qualquer.

b) Não ponha no pescoço nenhuma "guia" particular de cabo-clo ou preto-velho, como nenhum talismã que porventura possua. Se assim fizer, vai abalar a tônica eletromagnética deles e isso impli-cará depois uma "limpeza e afirmação especial"...

c) Coloque em seus bolsos 3 dentes de alho ou 3 pedras de sal grosso.

d) Ao chegar na entrada do cemitério (o portão), faça uma evocação mental para sua Entidade de Guarda e para seu prote-tor mais afim, em nome de Miguel Arcanjo, para que ele o possa acompanhar. De par com isso, leve um pedaço de carvão virgem e faça uma cruz (riscar) em cada sapato (sola).

e) Depois que tiver *realizado o que foi fazer,* retire-se, e logo à saída deixe ficar os 3 dentes de alho e as pedras de sal...

f) Ao chegar à porta de sua casa ou de seu terreiro, deve ser esperado com um defumador de palha de alho ou outro apropri-ado, para uma vigorosa defumação...

g) Não entre calçado. Bata bem os sapatos para escoimá-los de todo pó ou terra proveniente do ambiente em que esteve. Trate de mudar toda a roupa que vestiu para essa obrigação e imediatamente leve-a para a lavagem...

h) E sobretudo não se esqueça que *tais obrigações* têm que ser realizadas dentro do máximo respeito e ausência de qualquer conversação inadequada a esse ato...

RESPONDENDO A PERGUNTAS

Em todos os nossos livros, somos obrigados a entrar com esta Seção, tamanho é o número de cartas que recebemos e que na maior parte vamos arquivando, tantos são os assuntos e as perguntas que nos fazem através delas...

Porém, ultimamente, se avolumou o número das que insistem com *certas* perguntas, quase na mesma "toada", isto é, com ligeiras diferenciações de termos ou de sentido. Perguntam sempre o que sabemos e podemos dizer a respeito de certas sacerdotisas, de certos videntes, médiuns disso e daquilo, de professores de ciências ocultas que pelo rádio dizem resolver tudo, de certos "doutores" ou professores de africanismos, de cartomantes e quiromantes e sobretudo de certa "turminha" que anda por aí de "caboclos com penacho e tudo", fazendo misérias, ou seja, de goelas abertas para o "santo dinheirinho" da "santa ingenuidade da massa" consultante...

Eis o que, mais ou menos, nos têm perguntado... Só podemos responder a isso, abrindo este título: — "No Império da Mistificação ou na Rede dos Espertalhões".

Sim, parece incrível, para quem não está "por dentro" dessa coisa toda, que possa ainda existir tamanha quantidade de pessoas ingênuas, crédulas, a ponto de sustentar essa turma de vampiros, de espertos, de puladores que pululam por aí, "mamando" nas tetas de tanta gente boba e — acreditem! — que gosta de pagar, ou melhor, de *comprar ilusões ou esperanças...*

E como essa turminha de vigaristas sabe mexer com as vaidades e os anseios desta massa consultante!...

Como essa turminha de cartomantes, quiromantes, médiuns disso e daquilo, tatas de terreiro, videntes e outros "bichinhos sabidos" sabe envolver essa *dita massa consultante* no malabarismo de suas intermináveis redes...

Dizemos assim, de conhecimento de causa, porque sempre tivemos "pontas-de-lança" por dentro disso tudo; temos informantes por toda parte — não é arrogância nem vaidade — e de quase todos os Estados do Brasil...

Simpatizantes, adeptos, seguidores conscientes, honestamente convencidos da utilidade de nossas obras temos por toda parte...

Assim, tem-nos chegado cada informação, cada denúncia de "corar um frade de pedra"!...

Até de Uruguaiana, ali juntinho da Argentina, temos informantes, que, em recente comunicação, nos diziam que, revoltados com certas imoralidades numa "sessão de umbanda", pais de mocinhas acabaram com ela, a *ponta de faca e a laço*... Quer dizer, há cretinos e canalhas mistificadores que se aproveitam do nome da Umbanda, em toda parte...

Então, por aqui, nesta cidade do Rio de Janeiro — credo em cruz! Santo Onofre que nos valha!...

Dá-nos vontade até de parodiar certo doutrinador quando diz (ou dizia): — "ah! se eu pudesse falar"... (tudo que sei, isto é, por escrito)... Porém, minha censura íntima não deixa.

Mas vamos dizer alguma coisa, para toda essa gente boa e amiga que pergunta...

Meus irmãos — não caiam nessa "conversa mística", nesse conto-do-vigário de sacerdotisas improvisadas!

Esse negócio de sacerdotisas "receberem deuses e divindades, santidades do céu, da terra, do mar e da lua" e por trás da cortina "caírem nos transes da missa negra"... é uma arapuca perfumada, é uma ratoeira perigosa... Cuidado com essas "mariposas do astral", meus irmãos!...

Não creiam, em absoluto, que humanas criaturas, cheias de mazelas, de vaidades e de tanta coisa mais, possam ser veículos de "espíritos santificados, divinizados etc."...

Meus irmãos — não se fanatizem! Aprendam a vê-las como realmente são!...

Perfumes, jóias exóticas, balandraus de luxo, roupões à oriental em curvas de mulher insinuante, ou mesmo "ricas roupagens de santo" em babá cheirosa, jamais despertaram a espiritualidade e muito menos... *concentração* no "bicho homem"!...

Ou vocês sabem da coisa e estão pedindo apenas confirmação?...

Irmãozinhos — deixem de ingenuidade! Ou será que vocês ficaram abobalhados com elas?...

Bem, passemos a outro ângulo desse tema. Irmãzinhas — vocês não estão vendo que esse negócio de cartomante e quiromante tipo cigana, que sabe tudo, vê tudo, desmancha tudo e dá "felicidade" nos negócios do "duro metal e do mole coração" é papa fina para se infiltrar na bolsa de vocês?...

Nesse aspecto temos pena mesmo do elemento feminino que é "roxinho" por essas coisas. É quem dá o ganha-pão a essa turma...

Irmãzinhas — deixem de ir tanto a cartomantes, videntes etc.! Vocês acabam (como tem acontecido) é arranjando uma bruta complicação para seus lares...

Elas — essas cartomantes vigaristas — têm várias "chaves de engrenagem", sendo as principais essas: – "seu marido tem outra mulher... assim, assim, assim, tá, tá, tá"... ou então, "você, minha filha, está com um trabalho feito em cima, *pela outra,* assim, assim, assim, tá, tá e tá"... *Entenderam?...*

Ora – vocês não sabem que essas cartomantes e similares querem é o rico dinheirinho de vocês? E no fim vocês não sabem que tudo isso vem dar em desconfiança, ciúmes, brigas e separação? Enfim, de qualquer maneira essas espertalhonas acabam mesmo é envenenando a alma de vocês...

E quando essas "madamas do baralho" pegam moças velhotas que andam "roxinhas pra casar" e certas viúvas *desconsoladas* e indóceis por outro marido — ah! meu Santo Antônio de pemba — aí sim, é que a coisa *rende!*

E essas centenas de "médiuns espertalhões" que existem por aí, também, e que são procurados avidamente, porque "trabalham" com Exu Fulano, pai Sicrano etc.?... Eta industriazinha rendosa!...

Como a turma dos "corre-gira" gosta de dar o santo dinheirinho a eles!

Essa turminha dos "corre-gira" está tão viciada, tão
sugestionada, tão cheinha de superstição que, se não lhe disserem
que está "chumbada", isto é, que há "um trabalho feito", por isso e
por aquilo, ela não acredita no santo...

E é por tudo isso e mais outras que se formou o Império da
Mistificação com uma tremenda e extensa *rede de espertalhões*...

Eles já sentiram tão bem o ponto fraco dessa massa consultante,
já penetraram tão bem em sua irresistível tendência mística e fetichista, em sua ingenuidade, que é bastante um esperto qualquer
pespegar um charutão na boca, arregalar os olhos, dar dois pulos e
dois berros, dizendo-se o "caboclo incha-peito ou mata-sete", que
essa pobre massa consultante acredita logo...

Isso fazem com a tal massa consultante de *baixo,* isto é, com o
povinho simples, crédulo, sem alcance intelectual e espiritual... Mas
existe a massa consultante de *cima,* isto é, os que estão social e
intelectualmente muito acima daquela, como sejam, médicos, advogados, altos funcionários, comerciantes bem situados e outros mais
que costumam se impressionar com "médiuns" que "recebem" entidades de nomes pomposos, assim como os que apresentam mestres orientais, reis, imperadores, príncipes, médicos famosos e principalmente de "deuses lunares" e de "sua santidade mãe Fulana"
etc. Pra essa massa consultante de cima é bastante enfeitar o pavão,
dizer-lhe que foram (em encarnações passadas) altas personalidades etc.

E como passam as *notas de Barão* em grossa escala! Ah! que
beleza — como é "suave" lidar com essa tal massa de "cima"... E
como muita "criatura-médium" vive por aí à tripa-forra... à custa
deles!...

Mas — que temos nós diretamente a ver com isso? Diretamente nada. A nós não incomodam, pelo contrário, fogem de
nós "como o Diabo da cruz"...

Toda essa turma de espertalhões nos conhece bem; range os
dentes de ódio quando alguém lhe fala de nossas obras etc.

Todavia, indiretamente, temos que ver com eles, pois é nossa missão doutrinar, esclarecer etc.

Pois se existem os que confiam em nós, perguntam e pedem luzes — assim, por que não dizer-lhes as verdades como elas são?...

Entretanto, nossas obras já formaram escola e atualmente já existem duas *alas,* a de *baixo* e a de *cima;* a primeira é a dos exploradores, confusos e difusos, e a segunda é a dos que procuram a Senda da Verdade e da Luz e essa é a da nossa linha justa... Isso já é um acontecimento, é um fato!...

Portanto, temos alta responsabilidade moral-espiritual; temos gabarito alicerçado nos *entreveros* doutrinários, no cumprimento de uma Missão, há mais de 40 anos...

E sobretudo temos o sagrado compromisso que assumimos com a Corrente Astral de Umbanda de, também como encarnado, cumprir a nossa parte, no imperioso saneamento que se processa e que exige acima de tudo a Verdade!...

E é bom lembrarmos a certos setores que: — Não adianta fazer onda; não tentem jogar "pedras-astrais" no nosso Caminho!...

Já o dissemos e vamos repetir: — estamos *escudados* no sagrado direito da Verdade, porque estamos de fato e de direito *ordenados* para dizer tudo o que já temos dito em nossas obras...

"Jogar pedras em nosso escudo" é afrontar a justa ira daqueles que estão por trás dele; é enfrentar o *justo revide* das Entidades executoras da Corrente Astral de Umbanda — porque nós mesmos não tememos "nada", mas é um fato sermos um veículo *necessário* a essas Entidades... Portanto... cuidado!...

Estamos acostumados a enfrentar o impacto de tremendas lutas astrais e humanas... Mas acabamos *sempre de pé!* E os outros?... Ah! os outros... Um dia contaremos a história verdadeira de uma certa "luta de bastidores"... É só, irmãos consultantes...

SOBRE A CHAMADA CACHOEIRA DE COROA GRANDE (Tinguçu) E A PATÉTICA IGNORÂNCIA DOS "BABÁS-HOMENS" E DAS "BABÁS-MULHERES" QUE PARA LÁ ACORREM

Chegou a vez de esclarecermos algo sobre essa tão popular e famosa Cachoeira de Coroa Grande, e isso o fazemos em atendimento a centenas de pedidos de informações relativas ao valor ou ao "nível" dos "trabalhos" ou dos ritos que ali praticam os chamados de umbandistas...

Devemos esclarecer aos de maior entendimento que é simplesmente *patética* a maneira pela qual essa maioria dos ditos como "babás-de-terreiro" (homens e mulheres) pretendem "cultuar" as *forças da natureza pura* em relação com as Correntes Vibratórias de Umbanda.

Quem já foi a essa cachoeira, tendo um certo discernimento sobre as correntes mágicas e espiríticas próprias da Umbanda, deve ter verificado que, por lá, *fazem de tudo,* menos Umbanda...

Neste livrinho estamos explicando o que são os sítios de *reajustamento vibratório* da Corrente Astral de Umbanda, inclusive a *cachoeira* (que por várias razões ou fatores de ordem mágica e científica, que não queremos explicar agora, é o *mais puro* dentre todos)...

Assim façamos de mais essa resposta uma seqüência do que já foi dito, para frisarmos de imediato e de princípio que, se alguém é médium de caboclo e preto-velho, *um veículo de fato,* deve saber com toda a clareza (porque eles já devem ter ensinado) que as cachoeiras, as matas, os rios, as pedreiras, as *praias limpas* etc., são sítios ou zonas consagradas, por mercê do Astral Superior, à Corrente de Umbanda e, portanto, são núcleos eletromagnéticos próprios aos *reajustamentos vibratórios* de toda a sua faixa-afim, isto é, dos encarnados e desencarnados.

Então, sendo ambientes da natureza limpa, especialmente selecionados para essa finalidade, não podem ser, não podem servir de *pontos de atração* para os espíritos inferiores, que por lá não têm permissão de fazer "morada", porque:

a) Sendo Zonas limpas, exercem repulsão vibratória sobre esses citados espíritos inferiores, atrasados, marginais do "baixo astral", enfim, sobre tudo que se possa enquadrar como "quiumba" etc., desde que não sejam infestadas, poluídas, pelas baixas práticas e conseqüentes atrações afins das humanas criaturas que assim procedem...

b) Essas ditas Zonas têm Guardiães próprios da citada Corrente Astral de Umbanda, que os colocam como sentinelas, visto serem *pontos* de reunião, de intercâmbio vibratório, de manipulações especiais de alta magia etc.

Isso bem entendido, podemos já definir diretamente no que, infelizmente, transformaram essa maravilhosa Cachoeira de Coroa Grande: – "sujaram" a pureza natural desse belíssimo sítio vibratório, posto que "criaram" dentro dela um *"infernal pântano do astral inferior"*...

Infeliz do filho-de-fé ingênuo, ignorante, que se submeter a "afirmações de cabeça" por ali... Sai com ela contaminada de larvas da pior espécie...

E não é preciso ser nenhum "doutor da lei" para entender o que acabamos de afirmar. Senão, vejamos ligeiramente.

Logo na entrada, *acumularam* uma nauseabunda e pretensa "tronqueira de Exu", onde se vê, em depósito (como oferendas, é claro), cachaça, dendê, panelas e alguidar de barro, muitos com sangue ou carnes sangrentas, pipocas, charutos e velas em profusão, bruxas de pano crivadas de alfinetes, e mais ossos, fitas, dentes de animais, farofas, tudo isso ainda de cambulhada com outros apetrechos da mais baixa magia...

Isso logo na entrada desse "pântano"... onde qualquer irmão médium da aura limpa deve se sentir mal, *psiquicamente nauseado*, porque deve sentir, pressentir, sua sensibilidade acusar, ser aquilo (essa pretensa tronqueira — clamorosa ofensa até aos próprios Exus), nada mais, nada menos do que "um monturo de baixas vibrações" que, logo nessa passagem, irradia fluidos deletérios para todo lado...

Então, passando-se por esse "monturo", para seguir a cachoeira propriamente dita, tem-se a viva impressão de se ter penetrado num *"cemitério de fetiches"*, ou, melhor, numa espécie de *caverna de omulum,* tal a quantidade de materiais grosseiros, inferiores, em completo *desajuste* com a natureza do ambiente vibratório de uma *cachoeira...*

As panelas, os alguidares, as bruxas de pano e de barro, as mais disparatadas e esquisitas "comidas de santo", de mistura com as carnes sangrentas, o sangue puro etc., por ali se constata em tamanha profusão e por toda parte, que não sabemos descrever melhor do que estamos fazendo. É um *quadro vivo* que nos faz pensar estarmos mesmo no *"reino astral da quimbanda"...*

Tudo isso assim é ou compõe o que se diz ou se entende como a Cachoeira de Coroa Grande, onde as "babás e os babás" vão "fazer cabeças, batismos, amacys, lavagens, preceitos, oferendas e os mais diversos trabalhos para fins confessáveis e inconfessáveis"...

Em suma: — *poluíram* estupidamente essa zona vibratória e de há muito tempo passou a ser *apenas* um "charco da quimbanda"... visto os Guardiães, as sentinelas da pura Corrente Astral de Umbanda terem se retirado de lá, dando cumprimento às *ordens de cima...*

E agora? Agora ainda vem o patético da coisa...

Os terreiros quando por lá vão chegando (maior parte de elementos femininos, porque a supremacia na Umbanda, agora, está com as "babás-mulheres" numa proporção mais ou menos de 70% e 30% de homens), logo se aboletam num canto qualquer, colocam algumas estátuas de santo em cima das pedras, acendem velas, batem palmas, batem os bombos, começam o samba e a cantoria, para em seguida, rapidamente mesmo, "baixarem" os caboclos, "as sereias, os xangôs, as oxuns, as nanãs" etc., tudo de charutão na boca... Samba dali, samba daqui, gritos, brados, urros, gemidos etc. Assim começam todos a função ou os rituais...

Daí processam as mais infantis preparações, os mais patéticos e esquisitos batismos ou "lavagens de cabeça", sem procurarem saber ao menos o que os terreiros estão fazendo logo acima uns dos outros, para saber se podem operar em relação com o que estão praticando...

Sim! É patética, é crucial a ignorância desses nossos irmãos de faixa, porque (pudemos verificar várias vezes), enquanto — por exemplo — certa "babá" lavava a cabeça de sua filha-de-santo e outra batizava uma criancinha de meses de idade, noutro terreiro acima processavam trabalhos pesados etc. Portanto, perto, nas mesmas águas...

Isto nesse aspecto, porém, há outros piores, inclusive esse: — os namorados, os casais, nessas mesmas águas, vão se deleitar (fugindo ao calor etc., dar expansão as suas condições emocionais e digamos logo — dão, também, por um canto ou por outro, expansão a certos estímulos sexuais... ao mesmo tempo que olham divertidos, zombeteiros mesmo, para os terreiros com suas práticas... Sim! — pudemos perceber essas coisinhas também... Vocês estão cegos — irmãos?

Ora, como se pode proceder, de sã consciência — a não ser por canastrice, cegueira espiritual, ignorância crassa, ingenuidade, fanatismo bruto etc. — a certos "amacys", a determinados preceitos, que devem ser seríssimos atos de magia vibratória nos reajustamentos, numa zona onde tudo isso existe, se processa?

Onde impera a influência do baixo astral, que os homens quimbandeiros, catimbozeiros e candobleístas atraíram e em conseqüência lá ficaram, fizeram "morada"?...

Onde estão os tão decantados "guias" e "protetores" ou mesmo os tais "orixás" desses tais "babalaôs", dessas tais "babás-mulheres" que permitem essas coisas todas, feitas assim, naquelas condições, nessa Coroa Grande?...

Prezados irmãos, leitores e umbandistas, mais uma vez, um conselho: — podem ir às cachoeiras. Ninguém tem nada com isso. Porém, escolham as de ZONAS LIMPAS onde não se encontram ainda as sujeiras citadas. A *Cachoeira de Coroa Grande não serve mais,* não é mais SÍTIO ou ZONA *aprovada* pela Corrente Astral de Umbanda. Foi CANCELADA por tempo *indeterminado* como sítio de reajustamento vibratório desta Corrente. Essa é a VERDADE. Quem tiver caboclo ou preto-velho de fato e de direito, pode se inteirar DISSO...

• • • • • • • • • • • • • • • • • •

Ainda dando seqüência a essa série de perguntas ou pedidos de informações, vamos às seguintes questões suscitadas: "A perniciosa atração e envolvimento da conhecida como 'Exu' *Maria-Padilha"...*

Comparemos a ignorância a uma espécie de profundo e escuro *poço-mental,* que alimenta com suas "águas turvas" o psiquismo de inúmeras criaturas, embotando-lhes a razão, ou seja, o raciocínio, o entendimento etc.

Portanto, é tarefa difícil, duríssima, escoar de certos psiquismos suas "águas turvas", porém, não há que desanimar. Entremos com os límpidos canais do esclarecimento.

Irmãos e irmãs (pois que temos 6 perguntas de homens e 22 de mulheres sobre o caso) — desde quando, em que época, em qual terreiro de fato e de direito foi constatado e confirmado pelos Protetores ou Guias de verdade que a *quiumba* "Maria-Padilha" era ou é Exu?...

Exu de quê? De qual campo vibratório? Exu-Pagão? Exu-Guardião? Pois sim!

Irmãos — pelo que vocês dizem (nas cartas) deduzo claramente que caíram nas redes infernais do "catimbó", com suas "linhas de mestres e mestras". Isso, sim!...

Mas, por que aconteceu isso? Ora, algumas coisas erradas vocês andaram fazendo ou fizeram em vocês; em algum ambiente sujo vocês se meteram...

Porque, creiam, procurem saber, indaguem dos guias e protetores — quem é "Maria-Padilha"...

Por certo ficarão surpresos quando eles disserem que *"Maria-Padilha" não é e nunca foi Exu;* é, sim, uma maga-negra das "linhas do catimbó"... Cuidado com ela, irmãs!

Toda médium que, por infelicidade ou por condições negativas quaisquer, tenha atraído e caído nas "malhas" dessa entidade negra, acaba sendo "estourada" por ela mesma, compelida às decadências morais, para os desvios do sexo ou, quando não, para o vício da embriaguez...

Essa maga-negra do "catimbó", com sua imensa falange do mesmo nome, vive a procurar faminta, sequiosa, por tudo quanto seja terreiro, médium-feminino vaidoso, com certas tendências, ou com certas fraquezas, que lhe forneça pontos de contato ou de atração para ficar de alcatéia sobre sua faixa mediúnica, magnetizando-a pela proteção de sutis e poderosos fluidos a sua vaidade *de* mulher, até chegar aos estímulos neuro-sensuais...

Daí para se apoderar da médium, é fácil. É difícil a mulher resistir a certos estímulos a sua *vaidade,* pois a maga-negra descobre logo quais os seus pontos fracos que deve manipular, estimular etc.

Assim é que, de anos para cá, em quase todos os terreiros (sim, porque isso de "Maria-Padilha, Zé-Pelintra, caboclo-boiadeiro" e outros, é *importação recente,* de uma corja de pretensos "pais-de-santo" que vieram lá das bandas do Norte explorar a praça daqui, da cidade do Rio de Janeiro, visto terem en-

contrado neste nosso bom povinho a mais santa das ingenuidades...
) ditos de Umbanda, certas "médiuns" deram para "receber", ou
melhor, para "trabalhar" com Exu Maria-Padilha...

O impressionante é que elas (as médiuns-mulheres) ficam tão
obcecadas com a condição de serem "cavalos de Maria-Padilha"
que fazem até questão de que todos saibam disso. Santo Deus!...

Srs. Médiuns — Dirigentes — cuidado com elas! Se essas
coisas estão acontecendo em seus terreiros, abram os olhos, o "estouro" é certo a qualquer momento.

Observem friamente o psiquismo dessas pretensas médiuns,
quando "mediunizadas" e vejam se a coisa é duvidosa ou não é.

Pois o que está acontecendo é um fato que vocês podem com-
provar (se é que estão *por dentro* do negócio): — a maioria das
criaturas que se dizem médiuns de "Maria-Padilha", ou estão debaixo de certos estímulos históricos, ou têm vida irregular, ou... sérios
deslizes morais.

Corrijam-nas, irmãos Dirigentes, enquanto é tempo! Procurem salvá-las da decaída total... Elucidem, esclareçam a ignorância
— vocês têm obrigação, imperioso dever moral, de zelar, entre os
humanos, pela dignidade da Sagrada Corrente Astral de Umbanda!...

• • • • • • • • • • • • • • • • • •

Outra questão: — "Pomba-Gira", essa legítima e valente Exu-
Guardiã. Misérias e imoralidades que cretinos de ambos os sexos
praticam com o nome ou "sob a capa" dessa Exu de Lei.

Também já ultrapassam as raias do incrível as coisas que andam fazendo por aí, em certos ambientes sujos, que se rotulam de
umbanda.

Não devemos citar muitas coisas, porque causariam tais impactos, tais aversões que... bem, citemos uma das coisas escabro-
sas que — pasmem! — já se transformaram numa espécie de "regra ou tradição"...

Pois não é que é quase do entendimento comum de certos terreiros a aceitação ou a insinuação de que "os cavalos de Pomba-Gira" são de "cabeça fraca", isto é, tendem a se transviar, ter mais de um homem... por causa da "influência de Pomba-Gira"... porque — misericórdia, meu Deus! — dizem, *"Pomba-Gira é mulher de 7 Exus"...*

Só não diremos que tamanho absurdo é fruto da crassa ignorância que existe por aí, porque também *existem cafajestes* — esses e essas que até alimentam essa infâmia por interesses escusos e, é claro, diretos, pessoais.

Irmãos umbandistas — médiuns Dirigentes! Em nome de nossos caboclos e pretos-velhos e mesmo de nossos Exus-Guardiães, combatam mais essa miséria moral, essa aberração, por todos os meios e modos possíveis! Digam, doutrinem, que isso não é assim...

Pomba-Gira é uma Exu-Guardiã, da faixa vibratória feminina, necessária para a manipulação (ou equilíbrio) de certos *fluídos passivos* ou astromagnéticos, entre o pólo negativo e o positivo de todas as coisas, o mesmo que dizer, entre a esquerda e a direita, o úmido e o quente, o lunar e o solar etc., nos trabalhos de cunho essencialmente mágico ou de Magia da Corrente Astral de Umbanda!...

Portanto, quando afirmamos acima que existem cafajestes infiltrados na Umbanda é porque temos notícia, informações "de vero" de que pretensos "pais-de-santo" são useiros e vezeiros no *desvio* de senhoras e moças, através do "santo"... apoiados nessa infame "regra ou tradição"...

A covardia moral de certas criaturas chega ao ponto de "usar a influência do santo" para envolver desprevenidos elementos do sexo feminino na trama de seus baixos-instintos... E não estamos dizendo novidade... Os jornais, de vez em quando, publicam casos semelhantes... E os canalhas fazem tudo isso com a capa de Umbanda...

UMA RESPOSTA ESPECIAL

Depois que começamos a situar essa questão de quedas e fracassos de médiuns x dinheiro, vaidade e SEXO, apontando especialmente o *ângulo doloso* desse último, fomos praticamente assaltados por tantas e tantas consultas pessoais, a par com centenas de cartas sobre o assunto, que nos obrigaram a essa *resposta especial...*

Cremos ter deixado patente em nossas obras que a moral mediúnica é indispensável ao equilíbrio da criatura médium, e logo apontamos os seus três ângulos mais dolosos, dentro da Corrente Astral de Umbanda, em face da responsabilidade que acarreta o seu movimento mágico e espirítico.

Portanto, desviar-se da *linha justa* é infringir, e quem está dentro dessa infração tem que arcar com as inevitáveis conseqüências.

Todavia, nós apontamos diretamente para os ditos ângulos, ou melhor, mostramos *quais* eram, e agora, nesta resposta especial, tentaremos clarear mais o assunto solicitado, que é Sexo x Sensualismo.

Bem, prezados irmãos em dúvida, e de consciências aflitas pela interpretação de seus casos particulares ou singulares: — nós ressaltamos quase que incisivamente aquele *ângulo grosseiro, comum,* que vem acontecendo por aí, pelos terreiros... e nós deixamos *isso bem claro* em nossa obra *Mistérios e Práticas da Lei de Umbanda.* Consultem-na.

Então, evidente que situamos a questão do desrespeito, desvio, queda, fracasso etc., pelo *sexo via sensualismo,* dentro do metiê sagrado, mágico, religioso de um terreiro.

Não poderíamos situar em nossas obras, e em poucas linhas ou páginas esses casos *kármicos* de reencontros, reajustes e complementações súbitas e extraordinárias que a Lei kármica faz executar entre duas criaturas muitas vezes presas pelos laços do matrimônio com outras e sob condições de vida emocional adversa, e que são incapazes de resistir e tais reencontros kármicos.

Como enquadrar ângulos tão profundos da Lei kármica, *assim, dentro desse citado ângulo comum, grosseiro, rasteiro, de sexo via sensualismo?...*

Certos casos têm seus aspectos kármicos particulares, transcendem ou remontam a encarnações passadas. Dependem de um *estudo especial...* de uma alta interpretação *oculta, do por que aconteceu naquela altura e naquela* hora...

E sobretudo ainda há os casos de Providência kármica sobre uma criatura, quando a Lei faz que *reencontre aquele alguém,* no momento em que (homem ou mulher) mais necessita disso, como uma condição excepcional, ou como uma providência salvadora, a fim de promover determinados equilíbrios etc.

Mas *isso,* quando acontece, não vem apenas pela via sexo *e jamais pela do sensualismo cru e nu,* do desrespeito, desvio, aproveitamento etc.

Acontece no imperativo de certos anseios mais elevados, assim como pela necessidade de que uma criatura *sinta e mereça preencher seu psicossomatismo,* já em condições apáticas, deploráveis, no caminho da diluição afetiva, ou no desencanto total, mormente se ela ainda tem o resto do Caminho a trilhar ou se ainda não completou sua missão, seja ela em tal ou qual setor...

E com isso não queremos dizer que duas criaturas se reencontrem e se amem apenas "psiquicamente"... Seria até ridículo e infantil tal conceito... Não. O sexo vem, fatalmente, complementando aqueles anseios elevados, dentro de sua justa condição... Jamais pelo sensualismo grosseiro — pela atração estúpida da carne pela carne...

E ainda existe a promoção de casos singularíssimos, quando aconteceu a duas criaturas serem casadas na encarnação anterior, e uma — a mulher — ter traído a parte, *miseravelmente*... porém, consegue regenerar-se e passa a amar o esposo, para logo desencarnar sem se redimir completamente...

Então, nessa encarnação, a mulher devedora renasce sob condições emocionais terrivelmente adversas e sofre muito... tem anseios por algo que não chega... súbito, *reencontra,* já comprometido, aquele a quem tanto traiu e amou naquele final... Como essa criatura poderá resistir àquele mundo de ansiedade amorosa e impulsos de redenção direta sobre aquela criatura-homem?

Como essa criatura-homem, *sabedora disso,* pode resistir ou negar-lhe o *prato* emocional, sentimental etc., de vez que uma injunção imperiosa da lei do equilíbrio sobre essa criatura-mulher é de absoluta necessidade para complementar a sua redenção, e conseqüentemente esgotar o seu karma (nesse caso) que se agita preso a essa dívida, a esse perdão direto, objetivo?

O "dai de beber a quem tem sede" – deve ou não deve ter a sua interpretação e aplicação corretas, pelo sentido oculto da regra? Como negar, diante desse conhecimento, se a criatura-homem também necessita desse intercâmbio afetivo que lhe estava faltando e sobretudo se, com *essa,* está promovendo a restauração kármica daquela mulher devedora?...

Em suma: — o indivíduo médium, para manter a sua moral mediúnica, dentro do Terreiro e de seu Lar, *não é obrigado* a *se condenar a sujeições e a isenções afetivas e sexuais* e sob condições adversas, *já que isso tudo* pode prejudicar a linha justa de seu equilíbrio psicomediúnico etc.

Como vêem, não podemos definir esses ângulos kármicos especiais, assim com explicações simples ou nos exemplos mais terra-a-terra possíveis...

Teríamos que escrever uma obra sobre tal assunto e na certa seríamos *condenados,* pela maioria incapaz de penetrar ou de compreender esses arcanos da vida...

Porém, o que dissemos aqui é o suficiente para os que nos pediram tanto uma interpretação satisfatória entre a coisa grosseira do ângulo ressaltado em nossas obras e a linha justa do ângulo puramente kármico de seus casos...

ÍNDICE

Atenção, leitor 7

Introdução 9

Advertência 17

Está na hora, irmãos! 19

A Umbanda 21

A condição de ser negro e uma das razões de ser dos chamados "Pretos-Velhos" da Umbanda 26

A mediunidade na Umbanda 28

Quedas e fracassos de médiuns — Causas principais: Vaidade, dinheiro (pelo abuso da Lei de Salva — Regras da dita Lei) e sexo. Horrores que os esperam no Astral: pelo que "semearem embaixo, colherão em cima"... As advertências dos Guias e Protetores. Disciplina — Castigo — Abandono 35

O caso dos chamados "Médiuns Conscientes" na mecânica da incorporação ou transe. Confusão, dúvidas, sugestão anímica, teste 49

O que o médium umbandista tem necessariamente de observar para a boa manutenção de suas condições mediúnicas 56

Umbanda e Candomblé — Moisés e as práticas da magia africana. Kardecismo. A "Grande Doutrina dos Espíritos" está nas "mãos" da Corrente Astral de Umbanda. Preconceito ou "Racismo Espirítico" kardecista 58

Protetores e Médiuns — "Casamento Fluídico" etc. Diferença vibratória entre os médiuns feitos ou manipulados normalmente pelo Astral para a função mediúnica na faixa kardecista e os médiuns especialmente manipulados para a Corrente ou Faixa Umbandista 64

O que é Magia... As Forças da Magia Branca. As Forças da Magia Negra. A necessidade de autodefesa. O ataque infernal dos Magos Negros das Trevas 69

A Operação Mágica para imantação ou assentamento de um "congá" (santuário) e cruzamento de terreiro (Tenda, Centro ou Cabana da Corrente Astral de Umbanda) 77

Um poderoso elemento de autodefesa do "congá" na Alta Magia de Umbanda. O disco de aço polido inoxidável, as agulhas de atração e repulsão, os sete pedaços de carvão virgem, o copo. Como proceder às indispensáveis imantações astromagnéticas desses elementos 84

Cuidados especiais com as ervas dos chamados "Amacys" — a fim de não desequilibrar as Linhas de Força Neuromediúnicas no ato do Reajustamento Vibratório. Nenhuma erva pode ser colhida nem triturada pelo elemento feminino. Como proceder à imantação 87

Sobre os Hinos ou Pontos Cantados como expressão religiosa, mística e mágica 90

Sobre as cachoeiras, as matas, os rios, as pedreiras virgens, o mar etc. 94

Os poderosos e sutis efeitos mágicos das flores, luz de lamparinas e cores, na Alta Magia de Umbanda — Em face de seus elementos ou sítios consagrados para Reajustamentos Vibratórios: — as praias, os mares, as cachoeiras, as pedreiras, os rios, as matas, os bosques, os campos etc. .. 97

Do alto valor terapêutico, mágico e propiciatório dos defumadores, de acordo com a natureza do signo da pessoa, na hora favorável de seu Planeta Regente ou Governante 101

Ritual ou a Operação Mágica para a Imantação das Pembas 107

Ritual do Fogo — Limpeza Astral do Terreiro ou a Queimação Fluídica de Larvas 111

O Talismã e o seu verdadeiro segredo astromagnético de preparação. De como imantá-lo para uso diverso e autodefesa no cabalismo da Alta Magia de Umbanda. Os Pontos Neuro-receptivos e Neuro-sensitivos do cérebro, em correspondência de Signos, Planetas, Orixás etc., em face dos ditos Talismãs e dos chamados "Amacys" de cabeça..... 113

O mapa das correlações 114

"É Força de Pemba... Sim Sinhô" 129

Sobre as encruzilhadas de ruas, os cemitérios e os chamados Cruzeiros das Almas dos Mesmos 136

Respondendo a perguntas 145

Sobre a chamada Cachoeira de Coroa Grande (Tinguçu) e a patética ignorância dos "Babás-homens" e das "Babás-mulheres" que para lá acorrem 150

Uma resposta especial 158